LES FASTES DE L'EGLISE

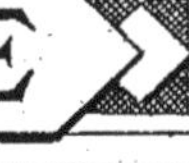

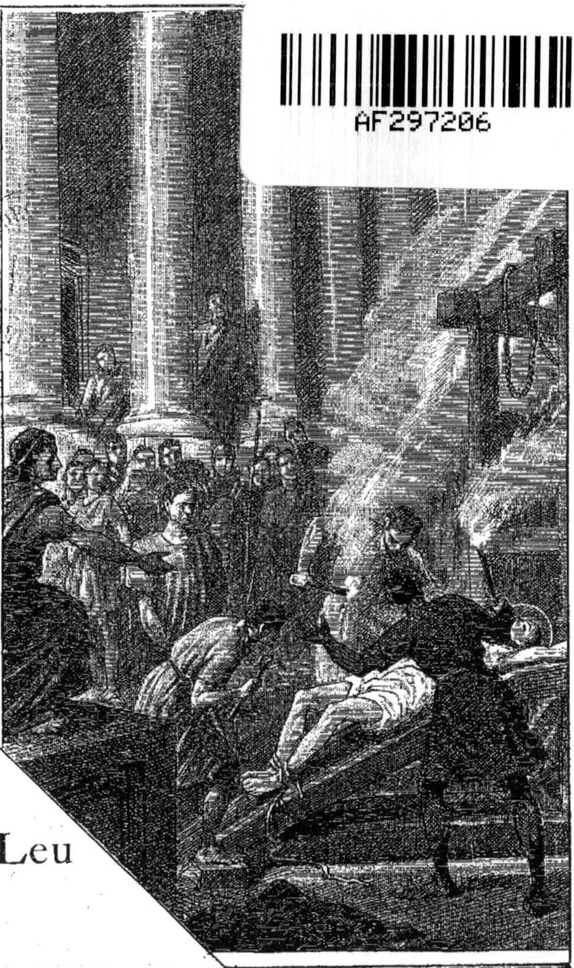

L. Le Leu

LES DÉFENSEURS du CHRIST

H. & L. CASTERMAN
EDITEURS PONTIFICAUX

LES
DÉFENSEURS DU CHRIST

N° 9 des Fastes de l'Eglise

LOUIS LE LEU

LES FASTES DE L'ÉGLISE

VOLUMES PARUS

La porte du cachot s'ouvrit et Quirinus apparut
portant le repas du soir au prisonnier. Saisi de stupeur,
il ne pouvait articuler aucun mot. (P. 47.)

Les Défenseurs
DU CHRIST

PAR

L. Le Leu

H. & L. CASTERMAN
ÉDITEURS PONTIFICAUX
Paris, Rue Bonaparte, 66 — Tournai (Belgique)

SOMMAIRE HISTORIQUE DU VOLUME

Les premières apologies : Quadratus, S. Justin, Aristide, Apollinaire, Athénagore, Meliton. — Succession des Papes : SS. Alexandre, Sixte, Télesphore, Hygin,
Pie I, Anicet, Soter, Éleuthère. — Empereurs : Hadrien, Antonin, Marc-Aurèle. —
Le rescrit d'Antonin. — Paix relative et persécution. — Les « Lettres formées » et
la visite « ad Limina Apostolorum » montrent l'antiquité de la suprématie pontificale
romaine sur toute l'Église. — Martyrs illustres : S. Polycarpe, Ste Félicité, Ste Cécile,
SS. Valérien et Tiburce, Maxime, etc. — La Légion fulminante. — La lettre de
Marc-Aurèle. — La paix. — Commode. — De 116 à 185.

IMPRIMATUR

Tornaci, die 22 Augusti 1899.

J. HUBERLAND can. cens. lib

LES
Défenseurs du Christ

PREMIÈRE PARTIE

LA REVENDICATION ÉCOUTÉE

I

JUSTIN LE PHILOSOPHE.

Le soir tombait, ouatant progressivement de son manteau crépusculaire les horizons de l'orient, tandis que les dernières rougeurs du couchant embrasaient encore les flots de la mer dont le frais murmure invitait aux méditations.

Sur la grève, un homme marchait, pensif, à la manière des philosophes qui recherchent avidement la solitude et fuient la compagnie des hommes pour se livrer aux réflexions favorites de leur esprit.

Ce péripatéticien n'avait dans son extérieur rien de plus austère que ses pareils du Portique; il portait même avec une certaine grâce, négligemment drapé sur ses épaules, le pallium ou manteau des philosophes.

Tout en songeant, il offrait son large front au souffle du vent de la mer et laissait parfois échapper des phrases entrecoupées qui montraient bien l'état d'agitation de son esprit.

— Certes, dit-il tout à coup, en regardant fixement le panorama lointain et mouvant des flots, nul ne dira que je n'ai point marché comme il convient à un voyageur intrépide qui explore les pays perdus de l'idée. Pourquoi ai-je tant fait de chemin, avant de rencontrer Platon? Voilà le maître incomparable, l'homme qui, vraiment, a enseigné à la terre des doctrines divines. Rien n'égale la splendeur de sa philosophie, elle plane au-dessus des corruptions contemporaines comme une blanche colombe sur des marais fangeux dont les miasmes ne sauraient atteindre son vol.

« Combien plus grands sont les disciples du pur philosophe, que ce ramassis d'esclaves qu'on appelle des chrétiens et que, tous les jours, les tribunaux condamnent à tous les supplices pour des crimes infâmes, dont ils sont coupables, sans doute, quoiqu'ils s'en défendent car, sans cela, pourquoi les en accuserait-on et les poursuivrait-on avec tant d'implacable rigueur? »

Le philosophe, à ces mots, secoua la tête comme s'il n'eut pas été pleinement convaincu par l'évidence de son raisonnement.

— Cependant, dit-il, je suis bien obligé de reconnaître qu'il est difficile de concilier l'intrépidité qu'ils montrent en face de la mort avec les accusations dont ils sont l'objet. Il y a là une contradiction flagrante. Je les ai vus à l'œuvre; je les ai vu subir les plus horribles tortures et la mort elle-même avec un inébranlable courage, courir, même, souvent, au-devant des supplices et je ne puis admettre que des hommes livrés à tous les désordres les plus infâmes, comme on les en accuse, puissent ainsi braver les tourments les plus atroces. Loin d'affronter les tribunaux où les attend une condamnation sûre et inéluctable, ne devraient-ils pas, au contraire, faire tous leurs efforts pour se dérober aux magistrats le plus longtemps possible et vivre pacifiquement dans leurs ignominies?

Le philosophe secoua de nouveau la tête après ces réflexions.

— Peut-être, conclut-il, vaut-il mieux, ne pas approfondir d'aussi complexes questions, étrangères, d'ailleurs, à la direction de mes études et de mes pensées. Il y a là un mystère que je ne suis pas, sans doute, en état de bien approfondir.

Ayant ainsi conclu, le philosophe allait se replonger dans ses méditations favorites lorsqu'un pas traînant et lent fit bruire le gravier de la grève.

— Ne suis-je donc pas seul? s'écria-t-il en tournant vivement la tête.

Il n'était pas seul, en effet, et il aperçut, le suivant à quelque distance, un vieillard d'un aspect vénérable sur le visage duquel apparaissait le rayonnement d'une douce et grave majesté.

Il s'arrêta et, regardant fixement le vieillard, parut l'interroger des yeux.

Celui-ci le regarda à son tour.

— Vous me connaissez donc? dit-il au philosophe immobile.

— Non, répondit ce dernier.

— Pourquoi donc me regardez-vous ainsi, si vous ne me connaissez pas?

— C'est que, répondit le philosophe, j'étais venu en ces lieux croyant pouvoir méditer tranquillement et à l'aise dans la solitude et je suis fort étonné que vous m'ayez suivi. Je ne m'attendais nullement à rencontrer une créature humaine dans ces déserts.

— Votre étonnement va cesser, dit le vieillard inconnu, lorsque je vous aurai appris que je suis inquiet à cause de quelques-uns des miens qui sont partis pour un lointain voyage et dont j'attends anxieusement le retour. Voilà pourquoi je viens sur ces rochers explorer la haute mer dans l'espérance de découvrir de loin leur vaisseau. Mais, vous-même, que faites-vous dans ce désert?

— Quant à moi, répondit le philosophe, j'aime beaucoup les promenades solitaires où je puis librement converser avec moi-même. La solitude convient merveilleusement à l'étude de la philosophie.

Le vieillard, à ces paroles, secoua la tête et un sourire éclaira ses lèvres, empreint, moitié d'ironie, moitié de bonté.

— Ah! dit-il, vous êtes donc de ceux qui se mettent en quête de mots sonores, sans s'inquiéter des œuvres ni de la vérité? Pour eux la théorie est tout et la pratique n'est rien.

— Quoi! est-il donc ici-bas une vocation plus noble et plus utile que celle de soumettre les hommes à l'empire de la raison; de la prendre soi-même pour guide; d'opposer aux préjugés et à l'erreur la lumière de son flambeau; d'apprendre, enfin, à l'humanité la route qui conduit à Dieu?

— Ainsi, dit le vieillard inconnu, vous croyez que la philosophie mène au bonheur?

— Oui, certes, elle a seule ce privilège!

— Mais, reprit le vieillard, qu'est-ce donc que la philosophie et quel bonheur procure-t-elle aux hommes?

— La philosophie! c'est la science de l'être et de la vérité. Le bonheur est la récompense de cette sagesse.

— Selon vous, qu'est-ce donc que Dieu?

— Dieu est l'Être immuable qui est aujourd'hui ce qu'il a toujours été, cause primordiale de toutes les existences!

L'inconnu avait suscité cette réponse afin d'avoir l'occasion de montrer combien sont vaines les théories les plus élevées quand il s'agit de mettre en présence ces deux extrêmes : l'intelligence infinie, éternelle, toute-puissante qui est Dieu et l'esprit infime, borné, sans portée qui est l'homme.

— Et croyez-vous donc, dit-il, que cet abîme entre la créature et le créateur peut être comblé par une philosophie, fut-ce celle du divin Platon? Vous seriez dans une erreur, indigne d'un esprit éclairé. Par quelle route êtes-vous arrivé à prendre Platon pour votre maître suprême?

— Par une route longue et difficile dit le philosophe. Je me nomme Justinus, né de parents illustres dans la carrière des armes. De bonne heure, j'ai recherché la vérité, et dès ma première jeunesse, épris d'un ardent amour pour la philosophie, je me mis sous la conduite d'un philosophe stoïcien, dont je suivis assez longtemps les enseignements et les conseils. Mais, je m'aperçus enfin que je ne faisais aucun progrès dans la connaissance de Dieu.

« Je m'en ouvris à mon maître et lui demandai s'il ne jugerait pas à propos, bientôt, de compléter mon instruction.

» — Mon cher disciple, me répondit-il, je t'ai enseigné tout ce que je sais, et je doute que d'autres en sachent plus que moi. Du reste, je ne vois pas du tout la nécessité de s'occuper de cette science et je ne la crois pas utile.

» Je le quittai, alors, et m'adressai à un péripatéticien d'une grande et fine intelligence, du moins, je le pensais tel. Quelques jours s'étaient à peine écoulés pendant lesquels j'avais remarqué en lui une vague impatience, qu'il me demanda quels honoraires je comptais lui offrir pour ses leçons de philosophie, car, me dit-il, une entente complète entre nous, sur ce point, est le meilleur moyen de rendre nos études fructueuses pour nous deux à la fois.

» Je quittai cet homme indigne du nom de philosophe.

» Et cependant, mon ardeur était la même. »

— Cette persévérance était méritoire, dit le vieillard avec son fin et ironique sourire. Que fîtes-vous ensuite?

— Je voulais apprendre quel est le propre et l'essence de la philosophie et je m'en fus trouver un célèbre pythagoricien qui, lui-même, avait la plus haute idée de son propre savoir; je lui exprimai mon désir d'être admis au nombre de ses auditeurs et de partager ses leçons.

» — Volontiers, me dit-il; cependant, je ne puis vous

admettre avant que vous ayez satisfait à un examen som-
maire et élémentaire. Savez-vous la musique, l'astronomie,
la géométrie? Sans ces connaissances préliminaires, qui
dégagent l'esprit des objets sensibles, et le préparent à
l'intuition du beau et du bien, dans leur essence, vous ne
pouvez espérer connaître ni approfondir les secrets de la
philosophie ni arriver au bonheur.

» Et le pythagoricien me fit un éloge pompeux de ces
sciences qu'il appelait élémentaires autant qu'indispensables.

» — Hélas! répondis-je, je ne sais pas un mot ni de
musique, ni d'astronomie, ni de géométrie.

» Ayant recueilli cet aveu humblement sorti de mes
lèvres, le pythagoricien me montra la porte et je m'en fus,
fort désappointé, humilié et affligé.

» C'est alors que je songeai aux philosophes platoniciens.
Je saisis l'occasion de l'arrivée d'un de leurs plus illustres
maîtres. Je fis, à son école, de rapides progrès.

» J'entrevoyais avec joie le but de mes travaux. Je croyais
avoir conquis la sagesse, et, dans mon enthousiasme pour la
théorie de Platon sur les idées, j'espérais arriver bientôt à
la contemplation de Dieu lui-même. »

— Et, néanmoins, dit le vieillard, vous n'avez pas encore
atteint ce but?

— Non, répondit mélancoliquement Justin; mais la voie
m'est ouverte! ajouta-t-il avec un éclair dans les yeux.

Mais il remarqua que le vieillard secouait la tête.

— Quels guides faudra-t-il donc suivre, alors, s'écria-t-il,
si des hommes tels que Socrate, Platon, Aristote et tant
d'autres n'ont pu connaître la vérité?

— Écoutez-moi, dit le vieillard. A une époque reculée,
longtemps avant les sages dont vous venez de citer les noms,
il exista des hommes justes, amis de Dieu et remplis de son
Esprit-Saint. On les appelait des Prophètes. Eux seuls ont
connu la Vérité, eux seuls l'ont enseignée aux hommes.

Etrangers à toute pensée vaine de gloire, de cupidité ou d'ambition personnelle, ils ont transmis aux hommes sans crainte et sans faiblesse les inspirations du Ciel.

» Quand on lit leurs écrits avec foi, ils révèlent à l'intelligence la seule doctrine digne d'un véritable philosophe, la science du principe et de la fin de toutes choses.

» Ils ne procèdent point, dans leurs discours, par voie de syllogisme ni de raisonnements subtils et fuyants. Le témoignage qu'ils rendent de la vérité est supérieur à toute démonstration. Les oracles dont nous avons l'accomplissement sous nos yeux, nous obligent à croire, de même que les miracles qu'ils opéraient de leur vivant, imposaient la foi.

» Les faux prophètes, animés de l'esprit de l'impureté et du mensonge, osent parfois tenter quelques prestiges par le moyen des démons et des esprits de l'erreur.

» Les vrais prophètes, annonçaient au monde le Dieu unique, créateur et père de toutes choses; ils prédisaient l'avènement de Jésus-Christ, son Fils.

» Priez donc que les portes de la lumière soient ouvertes à votre intelligence, car nul ne peut voir ni entendre la vérité si Dieu et son Christ n'y disposent son âme.

» Méditez sérieusement sur mes paroles. Adieu! »

En disant cela, le vieillard s'éloigna.

— Qu'est-ce donc que le Christ, se demanda Justin, comment faire pour connaître les Prophètes! J'ai tant fait déjà que je ne puis m'arrêter en route, dussé-je tenter l'impossible, j'éclaircirai les paroles de ce vieillard qui troublent tant mon âme!

Et, s'enfonçant plus profondément que jamais dans la méditation, sous le ciel resplendissant d'étoiles, Justin continua sa promenade philosophique sur la grève sonore et mouvante. Un rayon du divin avait frappé son âme.

Il lui fut facile de rencontrer parmi les chrétiens un homme qui pût lui apprendre que la Judée était le pays des prophètes qui avaient annoncé au monde le vrai Dieu.

Il dirigea donc ses premiers pas vers Alexandrie, centre florissant, alors, d'études philosophiques.

Là, des Juifs lui montrèrent, dans l'île de Pharos, les restes des cellules où les interprètes de la version biblique des septante avaient composé cette fameuse traduction.

Justin devint un néophite zélé, menant une vie d'ascétisme[1] et n'ayant conservé de ses anciennes habitudes que l'usage du *pallium* ou manteau des philosophes.[2]

Bientôt, le nouveau converti reçut le baptême et se mit à travailler avec ardeur à la propagation de la religion véritable, à la gloire de laquelle il s'était voué tout entier.

Et, comme on lui demandait la raison d'un tel labeur :

— Quiconque, répondit-il, n'annonce pas la Vérité, lorsqu'il pourrait le faire, est coupable devant Dieu. C'est parce que je crains le jugement de Dieu, qu'en dépit de votre mauvaise humeur, je continuerai à répondre à vos objections. J'en agis ainsi avec tous les hommes de quelque nation qu'ils soient lorsqu'ils s'adressent à moi pour connaître la Vérité.[3]

(1) Selon S. Épiphane.
(2) D'après Eusèbe.
(3) S. Justin, Dialogue avec Triphon, XXVIII.

II

L'ÉCOLE DE JUSTIN.

Animé de ces sentiments, Justin comprit bientôt que le
rôle d'un véritable philosophe arrivé aux connaissances les
plus élevées devait être pratique.

Avoir cherché la vérité, c'était bien; l'avoir trouvée,
c'était mieux; ne perdre aucune occasion de l'annoncer, c'était
faire œuvre logique; mais, il y avait mieux à réaliser.

Voilà pourquoi Justin, le premier de tous les philosophes
chrétiens, après sa conversion, vint résolument à Rome, ce
boulevard presque inexpugnable de toutes les erreurs, et y
fonda une école de philosophie chrétienne dans le quartier
aristocratique du Vicus Patricius, non loin des thermes
de Novatus et de Timothée, les deux fils du sénateur
Pudens.[1]

Le manteau de philosophe qu'il portait toujours, donnait
à son audacieuse entreprise un prestige qui désarmait la
malveillance et la faisait considérer comme un normal exercice du droit d'enseigner et d'avoir des disciples.

Justin en avait un grand nombre sortis de tous les rangs

---

(1) Près de l'église actuelle de Sainte-Pudentienne. Durras : *Hist. de l'Église.*

de la société romaine, parmi lesquels le célèbre Tatien.[1]

C'est pendant cette période de sa vie que Justin composa ses plus magnifiques ouvrages.

Les Grecs avaient reçu son premier *Discours* bientôt suivi d'une *Exhortation* que des *notarii* écrivaient sous sa dictée et que des *tabellarii* répandaient dans la société, pour y faire pénétrer les enseignements chrétiens.

— Grecs, s'écrie-t-il au début de son discours, ne croyez pas que j'ai renoncé sans motif grave et sans un sérieux examen, à votre croyance et à votre culte. Si je les ai abandonnés, c'est que je n'y ai rien trouvé de saint ni d'agréable à Dieu. Les fables imaginées par vos poètes ne sont pas autre chose que des monuments de déraison et de folie.

« Abjurez donc ces fables aussi honteuses que ridicules. Grecs, venez participer à une sagesse qui ne peut se comparer à aucune autre. Apprenez à connaître un autre Dieu qu'un criminel, d'autres héros que des buveurs de sang. Notre Chef, le Verbe divin ne demande pas la beauté ni la noblesse, mais la sainteté de la vie et la pureté du cœur.

» Le mot d'ordre de ce conquérant des âmes, c'est la vertu. Par le Verbe, une puissance divine s'empare de l'âme. Lyre pacifique qui fait cesser toutes les luttes du cœur, dompte toutes les passions et enseigne une sagesse supérieure qui, d'esclaves de la mort, nous rend immortels, de l'homme fait un Dieu, et de cette terre, nous transporte en un ciel mille fois supérieur à votre Olympe. »

— Venez donc vous instruire à cette divine école, poursuivait Justin. J'étais ce que vous êtes, soyez ce que je suis.

« Semblable à un charmeur habile qui attire hors de son

---

(1) L'un des apologistes du deuxième siècle qui, doué d'une vaste science et ayant cherché partout la vérité la rencontra auprès des prédicateurs de l'Évangile et la répandit ensuite avec une rude éloquence. Athénagore, Clément, Tertullien, le citent avec éloge. Toutefois, après la mort de S. Justin, Tatien quitta Rome pour retourner en Orient et là tomba dans l'hérésie d'où il ne sortit plus.

repaire le serpent qu'il veut mettre en fuite, le Verbe bannit du fond de l'âme les mauvais instincts d'où naissent tous les maux. Délivrée de ces tyrans, l'âme entre dans une atmosphère de paix et de sérénité divine, avant-goût des joies qui lui sont réservées, après les épreuves de cette vie, quand elle sera réunie au Dieu qui l'a créée. Car c'est de Dieu qu'elle tient l'existence et c'est à Dieu qu'elle doit retourner.[1] »

Bientôt, Justin ne se borne plus à attaquer les caractères généraux de la religion païenne. Il a hâte de la pousser dans ses retranchements et d'en confondre les docteurs.

Il démasque leur insuffisance, leurs contradictions, leurs obscurités et, sur les ruines de leurs systèmes, il fait resplendir l'inspiration divine et l'authenticité des Ecritures.

C'était une œuvre nécessaire et pour laquelle il fallait déployer toutes ses forces, à cette époque où les Juifs frappés à mort dans leur dernière espérance nationale, lors du désastre de Betherra, inondaient les routes du monde et, par leur présence, résultat de leur définitive dispersion, répandaient, sans le vouloir, leurs livres dans tout l'Occident, témoignant ainsi malgré eux, de la gloire réelle de Jésus-Christ annoncé et prédit par leurs prophètes.

On commençait à s'intéresser à ces livres que des traductions grecques et latines mettaient à portée de toutes les intelligences avides de savoir ce qu'ils contenaient.

Les pères de l'Eglise et les docteurs mettaient leur ardeur à vulgariser la connaissance de ces monuments divins.

Les civilisations marchent, en effet, à la suite d'un Livre sacré. Le nouveau Testament avait ouvert la nôtre, il fallait montrer qu'il s'appuyait sur l'ancien et faire fuir Homère devant Moïse et Hésiode devant Isaïe.

Entreprise hardie avec le secours du Ciel !

Toutes les puissances instinctives et intellectuelles du

_____

(1) S. Justin, *Discours aux Grecs*, Patrologie.

monde païen étaient, en effet, liguées contre la foi nouvelle ;
et quelle estime pouvait avoir un peuple vainqueur pour les
livres sacrés de ses vaincus dont la langue pouvait, par la
profonde obscurité de son génie, passer, à ses yeux, pour
barbare, tant elle répudiait toute communauté de caractère
avec celles de la Grèce et du Latium !

Telle était la situation que Justin avait bien comprise et
que tous les efforts de son école tendaient à détruire.

— Pourquoi, ô philosophe, lui demandait, sans doute,
un nouveau disciple, abandonnerions-nous les croyances de
nos pères ; et ne serait-ce pas outrager leur mémoire ?

— Gardez-vous de le croire, répondait alors Justin.
Toutes les religions doivent être abandonnées pour la plus
noble et la plus élevée : celle de la Vérité.

« Chaque jour il arrive qu'un examen plus attentif, des
recherches plus exactes, nous montrent les choses sous un
aspect différent. Je veux vous parler de la vraie religion et je
ne pense pas qu'il y ait un sujet plus digne d'attention pour
quiconque veut se délivrer des terreurs du jugement à venir,
ce jugement dont nous parlent les législateurs et les prophètes de notre Dieu, et dont vos poètes, eux-mêmes, vos
philosophes et vos sages, tous ceux, en un mot, parmi vous,
qui ont étudié la science sacrée parlent aussi.

» Il est donc important de savoir quelle différence il y a
entre vos maîtres en religion et les nôtres, à quelle époque
ils ont vécu et quelle confiance ils méritent.

» Après cela, ceux qui ont reçu de leurs aïeux une religion
fausse, l'abandonneront.

» Quant à nous, nous aurons démontré que notre culte,
reçu de nos pères est la religion unique et véritable.[1] »

Avec éloquence et sagacité, alors, s'adressant autant
à Rome qu'à la Grèce, puisque leurs erreurs étaient les

---

(1) S. Justin, *Exhortation aux Grecs*, I.

Son corps fut jeté aux chiens ; mais les chrétiens l'ensevelirent
dans le cimetière de Prétextat. (P. 49.)

mêmes, de l'Acropole au Capitole, et qu'Homère et Hésiode étaient les théologiens des fils de Numa comme des fils de Cécrops, Justin passa en revue la théogonie de l'Olympe qui mettait tous les crimes au rang des dieux.[1]

— Peut-être, s'écrie-t-il, abandonnerez-vous vos poètes et leurs œuvres, comme ayant répandu des fictions exagérées; mais, alors, vous parlerez de vos philosophes et c'est à eux que vous irez demander la vérité sur la religion.

« Thales, Anaximandre, Anaximène, Héraclite, Anaxagore, Archélaüs, Pythagore, Empédocle, autant de maîtres, autant d'enseignements et d'écoles dissemblables.

» Aristote, même, et Platon ne s'accordent ni entre eux ni même avec eux-mêmes.

» En les voyant, vous voyez dans quel cahos sont tombés les maîtres de la philosophie, pour avoir cru que l'esprit humain est capable, par lui-même, d'arriver à une science certaine des choses divines.

» Mettez-les donc au même rang que vos poètes et retirez-leur votre confiance, puisque, loin de corriger les erreurs de la mythologie populaire, l'enseignement philosophique n'a fait qu'y ajouter les siennes propres.[2]

» Vos sages sont donc manifestement impuissants à découvrir la vérité, soyez donc logiques et recourez aux lumières de nos docteurs. Plus anciens que les vôtres, ils n'ont rien écrit qui ne leur ait été inspiré par Dieu même. Ils ne peuvent donc pas se contredire mutuellement; ce qu'ils ont enseigné, ils le tenaient de l'Esprit-Saint.

» L'esprit humain ne pourrait, en effet, jamais, par ses seules forces et sans une grâce céleste, pénétrer les secrets de l'essence divine.

» Cependant, ces hommes nous ont enseigné d'une seule voix toutes les vérités dont la connaissance nous est néces-

____

(1) Darras, *Hist. de l'Église.*   (2) S. Justin, *Exhort. aux Grecs,* III-VII.

saire : Dieu et l'origine du monde, la création de l'homme, l'immortalité de l'âme et le jugement qui suivra cette vie.

» Cette doctrine uniforme, ils nous l'ont transmise à des époques et en des lieux divers, mais, toujours avec le plus parfait accord entre eux. Le premier de tous fut Moïse, à la fois législateur et prophète, vos propres historiens attestent son antiquité supérieure à celle de vos poètes, de vos sages, de vos législateurs, de vos philosophes les plus anciens.

» Un de vos plus savants chroniqueurs, Diodore de Sicile qui passa trente ans à compiler les annales du passé dans toutes les bibliothèques, à parcourir l'Europe et l'Asie pour en recueillir les traditions, dit dans le premier des quarante livres de son histoire que les hiérophantes de l'Egypte considèrent Moïse comme le premier et le plus ancien des législateurs connus.

Le philosophe chrétien, leur montre, alors, que l'inimitié même des Juifs contre l'Eglise est une garantie de sa véracité lorsqu'elle atteste l'inspiration divine de leurs livres.

Il compare, ensuite, aux yeux de tous, les écrits de Moïse avec ceux des philosophes et fait voir que le monde païen, lui-même, croyait à une rédemption future et à une révélation faite par un Dieu qui devait paraître sur la terre.

— L'univers entier, s'écrie-t-il alors, connaît aujourd'hui les oracles Sybillins dictés par l'ancienne prophétesse de Cumes dont j'ai visité la grotte près des thermes Campaniennes de Baïa. Vous savez comment elle a prédit l'avènement d'un Dieu rédempteur, déclarant le néant des prétendues divinités que vous adorez.

» Ce Dieu véritable dont elle annonçait la venue, est Jésus-Christ Notre-Seigneur. Comparez ses prédictions à celles de nos prophètes et vous en reconnaîtrez la conformité.

» Plus vous consentirez à étudier cette question, plus vous demeurerez convaincus que la seule doctrine, la seule religion sont celles qui nous ont été transmises par les prophètes et les apôtres de Jésus-Christ.[1] »

Ainsi parlait Justin au milieu de ses disciples, s'appliquant non seulement à faire toucher du doigt, tout ce qu'il
y avait d'absurde, de faux et d'immoral dans les théogonies
mythologiques et dans les œuvres des philosophes, mais
encore à montrer que, dans ce cahos d'erreur, il existait des
fragments de vérité.

Ce fut ainsi qu'il composa son traité sur « l'Unité souveraine, » dans lequel il montra par le témoignage des
poètes du paganisme, que le dogme de l'Unité de Dieu ne
disparut jamais entièrement de la conscience humaine.

— Ecoutez, c'est Orphée qui parle en ses Orphica :

« Je parlerai à ceux qui sont dignes de m'entendre.

» Arrière les profanes! Mais toi, écoute mes paroles car
la vérité seule règlera mon langage. Que les erreurs qui,
jadis, firent illusion à ton cœur, ne te privent point de la vie
bienheureuse. Fixe constamment tes yeux sur les préceptes
divins; ne les en détache jamais.

» Scrute d'un regard sévère, les profondeurs de ton âme,
marche ferme dans la voie de la vérité et ne contemple que
le roi de l'univers. Il est un, il est lui-même, il est l'auteur
de toutes choses. Tout est en lui, aucun œil mortel ne saurait
le voir mais personne n'échappe à sa vue.[2] »

» Ecoutez maintenant, ô Grecs, votre poète Sophocle :

« Oui, il est un Dieu, Dieu unique, le seul qui a formé le
ciel et la terre aux vastes régions et les flots azurés et les
vents impétueux! Mais, aveugles mortels, esclaves des égarements de notre cœur, nous allons, dans nos affections, demander du soulagement à des dieux de pierre, à des statues de
bronze, d'or ou d'ivoire. En répandant à leurs pieds le sang

____

(1) S. Justin, *Exhort. aux Grecs*, xxxvii-xxxviii.
(2) Fragment des hymnes orphiques, cité par S. Justin. *De monachia*, ii.

des victimes, en célébrant en leur honneur de vaines solennités, nous sommes assez insensés pour nous persuader que nous accomplissons un pieux devoir.[1] »

» Eh quoi! s'écrie ensuite Justin, je vous annonce le jugement dernier et la résurrection des morts et vous douteriez de mon enseignement, alors que vos poètes ont chanté cette double croyance! Ecoutez plutôt Polémon :

« Crois-tu donc que ces voluptueux dont la vie entière s'est écoulée dans la mollesse soient, tout entiers, renfermés, avec leurs cendres, dans le sépulcre et qu'après avoir trompé Dieu ici-bas, ils éviteront ailleurs sa vengeance? Va, pille, égorge, mêle la ruse au crime; mais ne t'y trompe pas; il y a une justice aux enfers; le Dieu souverain sera notre juge; ce Dieu dont je ne puis prononcer le nom formidable[2]. »

» Mais écoutez encore Sophocle :

« Il viendra, sans nul doute, le jour formidable où le brillant éther fera jaillir des trésors de feu. La flamme, dévorant et la terre et les cieux, consumera, dans sa fureur inexorable, la nature entière. Tout disparaîtra; les gouffres n'auront plus de flots; les rameaux verdoyants n'ombrageront plus la terre; l'air enflammé n'aura plus un oiseau. Or, nous savons que deux routes conduisent aux enfers, l'une réservée aux criminels, l'autre aux mortels vertueux. Puis, tout ce qui aura été détruit renaîtra de nouveau.[3] »

Tant de distinction devait faire rapidement de Justin un homme célèbre. Non content de défendre ouvertement le christianisme devant les gentils idolâtres et persécuteurs, avant de s'adresser aux empereurs, il allait inviter les Juifs à reconnaître la divinité de la religion du Christ.

(1) Sophocle, cité par S. Justin. Même traité, ii.
(2) Polémon, cité par S Justin. *De mon.*, ii.
(3) Sophocle, *ibid.*

III

LE DIALOGUE AVEC TRIPHON.

Le soleil dardait sa lumière matinale sur la façade orientale du Xyste d'Éphèse sous les portiques duquel Justin se promenait, lorsqu'il fut abordé par un groupe d'inconnus.

— Salut, philosophe! lui dirent-ils en manifestant l'intention de le suivre dans sa promenade.

— Salut, leur répondit-il; que désirez-vous de moi?

Alors, l'un d'eux prenant la parole :

— J'ai suivi, naguère, à Argos, dit-il, les leçons d'un philosophe de l'école de Socrate. Il m'a appris à respecter le pallium dont vous êtes revêtu. On ne peut, me disait-il, que gagner dans la conversation des sages. Depuis lors, j'ai toujours recherché leur entretien. Voilà pourquoi je vous aborde avec joie, et mes amis sont dans les mêmes sentiments.

— Et qui êtes-vous donc, mortel si ami de la sagesse?

— On me nomme Triphon; je suis hébreu de naissance, enfant de la circoncision. Banni de ma patrie depuis les dernières guerres de Judée, je suis venu demander l'hospitalité au sol de la Grèce, et, présentement, j'habite à Corinthe.

— Eh quoi! s'écria alors Justin, vous recherchez la philosophie profane, vous qui avez Moïse et les prophètes!

— Mais, répondit Triphon, est-ce que toute la philosophie ne roule pas exclusivement sur la connaissance de Dieu?

— Écoutez, lui dit gravement Justin, comment j'ai traversé toutes les écoles de la Grèce pour arriver à la possession de la vérité absolue dans la foi au Christ-Jésus.

Et le philosophe chrétien raconta sa vie.

— Désormais, conclut-il, j'ai trouvé la vraie philosophie; je suis chrétien. Vous-mêmes, si vous portez quelqu'intérêt à votre salut, reconnaissez le Christ et embrassez sa doctrine; c'est la seule voie qui conduise au bonheur.

A ces mots, tous éclatèrent de rire. Triphon, lui-même, sourit avec ses compagnons, et, s'adressant à Justin :

— Je vous approuve pour tout le reste, lui dit-il; j'admire le zèle que vous avez déployé pour vous instruire de la science des choses divines. Mais, il eut été préférable de vous en tenir à la philosophie de Platon ou de toute autre école que de vous laisser séduire par des imposteurs. Croyez-moi, car je ressens pour vous une vive amitié, faites-vous circoncire, soumettez-vous aux prescriptions de notre loi, observez le Sabbat, les jours de fête et les néoménies, et vous pourrez, seulement, trouver grâce devant Dieu. Votre Christ est imaginaire, il n'est doué d'aucune vertu jusqu'à l'avènement d'Élie qui doit lui donner l'onction sainte et le manifester à tous. Votre erreur vous expose à la mort éternelle.[1]

En l'entendant parler ainsi, Justin reconnut tout de suite le caractère de son interlocuteur et, doucement, il lui dit :

— Triphon, je vous pardonne volontiers; vous répétez de confiance ce que vous ont appris des maîtres qui n'ont pas l'intelligence des Écritures. Si vous le permettez, je vous

(1) Ce que dit ici Triphon, les juifs le disent encore aujourd'hui, et les deux mille ans de triomphe de l'idée chrétienne n'ont pu les tirer de leur entêtement basé sur la lettre du Talmud qui enseigne, en effet, que, né à l'époque de la destruction du Temple de Jérusalem, le Messie est, depuis ce temps-là, retenu dans un lieu inconnu d'où peut seul le tirer l'avènement du prophète Elie.

prouverai que nous ne sommes dupes d'aucune erreur et que nous ne devons pas abjurer le Christ, malgré les injures des hommes et les supplices des tyrans.

Aussitôt, tous firent entendre de nouveaux éclats de rire.

Justin, avec dignité, se dirigea vers les portes du Xyste.

Mais Triphon le retint par le bord de son manteau :

— Je ne vous laisserai pas partir, que vous n'ayez rempli votre promesse et prouvé ce que vous venez d'avancer.

— Imposez donc silence à vos amis, dit Justin. S'ils veulent m'écouter, qu'ils restent, sinon, qu'ils aillent à leurs plaisirs ou à leurs affaires et nous laissent. Quant à nous, choisissons un endroit où nous puissions parler.

Deux des amis de Triphon s'en furent, en continuant leurs railleries. Les autres s'assirent avec Justin et Triphon sur les bancs de marbre, attentifs et silencieux.

— Permettez, d'abord, une question, dit Justin. Vos reproches à notre égard ont-ils trait à notre refus de pratiquer la loi antique ou aux calomnies dont on nous accable.

— Ces calomnies, se hâta de dire Triphon, sont des monstruosités auxquelles nous n'ajoutons aucune foi. J'ai voulu lire votre Évangile et j'en ai trouvé les préceptes admirables. Je dis seulement qu'ils dépassent la portée humaine et que nul, je crois, ne saurait atteindre à leur perfection. Mais votre doctrine nous paraît fausse, cependant.

— Pourquoi?

— Malgré votre piété apparente, vous agissez comme les nations qui n'observent pas les fêtes du Seigneur, ni le sabbat ni la circoncision. Comment pouvez-vous mettre votre foi en un homme mort sur une croix et espérer en la miséricorde de Dieu, quand vous méprisez ce commandement de Dieu : « Celui qui n'aura pas été circoncis le huitième jour sera effacé du milieu de mon peuple. » C'est la loi du Testament auquel tout homme doit croire s'il veut être sauvé. Eh bien! vous n'en tenez aucun compte, pas plus que des autres observances, et vous prétendez connaître Dieu quand vous outragez visiblement sa loi? Si vous pouvez répondre à cette objection, nous pourrons nous entendre.

Justin, sans hésiter, répondit aussitôt :

— Un seul Dieu a créé l'univers. C'est notre Dieu et le vôtre. C'est le Dieu qui tira vos ancêtres d'Égypte, c'est en lui seul que nous plaçons, comme vous, toute notre espérance. Il est le Dieu d'Abraham, d'Isaac et de Jacob.

« Cependant, la loi mosaïque n'est pas la base de nos espérances en Dieu. Nos deux doctrines sont nettement séparées. Mais, ne lisez-vous pas dans les Écritures, comme moi, qu'il devait venir une loi nouvelle, un Testament plus durable que les autres, dont l'observation serait indispensable pour tous ceux qui voudront participer à l'héritage de Dieu?

» La loi du Sinaï est à vous, mais la loi nouvelle regarde le genre humain tout entier. Or, toute loi nouvelle abroge l'ancienne, comme un testament postérieur annule le précédent.

» Tel est le caractère de cette loi essentielle et nouvelle que le Christ nous a apportée. Elle est le testament irrévocable après lequel nous n'avons plus à attendre d'autres préceptes ou commandements. Entendez Isaïe.:[1]

« Ecoutez, mon peuple, et vous, rois, prêtez l'oreille à ma parole : Une loi sortira de moi; une justice nouvelle jaillira pour éclairer les nations. Son heure approche; mon Sauveur va paraître et les peuples espèreront en mon bras. »

» Entendez Jérémie :[2]

« Voici qu'ils viennent, dit le Seigneur, les jours où je scellerai avec la maison d'Israël et la maison de Juda un Testament nouveau. Cette alliance ne sera plus la même que celle que je contractai avec leurs pères, alors que je les pris par la main pour les faire sortir de la terre d'Égypte. »

» Devant ces prophéties si claires, la conversion en masse

_____

(1) Isaïe, ii, 4, 5.   (2) Jérémie, xxxi, 31, 32.

des nations, au nom de Jésus-Christ crucifié, malgré les persécutions et les tortures, les miracles qui accompagnent les pas des apôtres de notre foi, est-il possible de douter que la Loi nouvelle est enfin promulguée, que le Testament nouveau a été scellé et que l'attente des nations est remplie? C'est nous, adorateurs de Jésus-Christ crucifié, qui sommes la véritable race d'Israël, la postérité spirituelle d'Abraham, d'Isaac et de Jacob, nombreuse comme les étoiles du ciel.

» Entendez donc, encore, le langage d'Isaïe :[1]

« Écoutez ma parole, et la vie sera donnée à votre âme, je scellerai avec vous un Testament éternel. J'accomplirai les promesses que j'ai faites à David. Le grand témoin que je veux envoyer à la terre, va descendre. Les nations qui ne te connaissaient pas, Seigneur, invoqueront ton Nom et les races qui t'ignoraient se réfugieront en ton Sauveur. »

» Voilà, poursuivit Justin, ce que prophétisait Isaïe. Or, cette loi et ce testament sont promulgués et vous les méconnaissez. L'Évangile est annoncé aux pauvres, l'aveugle-né recouvre la lumière et vous ne comprenez pas! »

Impuissant à refuser le combat sur ce terrain, Triphon est obligé à l'accepter et réduit à entendre, en silence, son interlocuteur lui démontrer victorieusement que tous les rites et toutes les cérémonies mosaïques n'étaient que la figure des réalités du nouveau Testament.

— Cherchez, s'écria Justin, cherchez la vérité dans les prophètes et non dans des interprétations étroites de la Loi.

« Pour effacer vos péchés, est-ce que le prophète Isaïe vous envoyait vous laver à la piscine? Toutes les eaux des mers, vous le savez, ne sauraient laver un seul homicide. Le prophète annonçait la purification salutaire non par le sang des béliers, mais dans la foi et la pénitence, par Jésus-Christ mort pour nous racheter.

(1) Isaïe, LV, 3, 5.

« Ah! écoutez Isaïe prédire les humiliations et la mort de l'Homme-Dieu :

— « Nous l'avons vu, il était méconnaissable; son visage était souillé, sa face déshonorée; c'est l'homme des plaies! sa gloire a disparu sous le poids de son infirmité! Il apparaît chargé du fardeau de nos crimes; c'est pour nous qu'il souffre! c'est pour nos péchés qu'il est couvert de blessures; ses supplices expient nos iniquités. La discipline qui nous rend la paix courbe ses épaules; ses meurtrissures sont le gage de notre guérison. Tous, nous avions erré comme des brebis sans pasteur. L'homme s'était égaré dans sa voie; il est la victime livrée par le Seigneur pour effacer nos fautes. Voilà pourquoi il subit toutes les tortures sans ouvrir la bouche, pareil à l'agneau qui se tait sous le fer qui le dépouille, ou qui se laisse conduire docilement à la mort! [1] »

« Admirez donc la source d'eau vive qui coule pour l'univers; abandonnez vos citernes et venez y tremper vos lèvres!

» Cessez d'entendre ces choses dans leur sens grossier. Ah! je le sais, ce Christ ignominieux n'est pas celui que votre erreur attendait dans une aveugle espérance d'orgueilleux triomphe et j'arrête l'objection sur vos lèvres.

» Mais, entendez mieux les prophètes, et vous verrez qu'ils ont prédit clairement deux avènements du Messie, bien distincts. Isaïe vous l'a montré homme de douleur et d'opprobre, mais Daniel et Osée vous disent que les fils de votre peuple verront la gloire de celui qu'ils ont transpercé!...

» Où êtes-vous, peuple d'Israël que le vent des catastrophes a balayé, comme la tempête éparpille les feuilles mortes à son gré d'ouragan!

» Écoutez donc ce qui est dit de vous au Lévitique : [2]

« Parce que ce peuple prévaricateur m'a méconnu et outragé, parce qu'il a voulu s'éloigner de ma voie, je mar-

____

(1) Isaïe, LIII, 2, 7.   (2) Lévitique, XXVI.

cherai, moi aussi, dans une voie opposée à la sienne : je le disperserai sur la terre de ses ennemis ; alors, son cœur incirconcis sera broyé par le malheur. »

— Considérez, jusqu'à quel point la vengeance du Seigneur notre Dieu s'appesantit sur vous. Votre patrie est déserte et vos cités sont en cendres ; votre temple n'est plus ; pas un de vous qui ose paraître à Jérusalem, et la circoncision, elle-même, qui vous fut donnée en la personne d'Abraham, comme un sacrement de bénédiction parmi les peuples, est devenue, pour vous, un signe d'opprobre et une cause d'exécration universelle.

« Reconnaissez donc votre erreur et cessez de nous envelopper de cette haine qui a déchaîné sur nous la persécution. Le Testament nouveau est sorti de Sion. Héritiers d'Abraham, vous êtes en train de perdre votre part d'héritage que nous recueillerons tout entier et dont vous serez exclus ! »

— Que dites-vous ? s'écria Triphon ; nous croyez-vous tous exclus de l'héritage sur la montagne sainte de Dieu ?

— Non, répondit Justin, ceux-là seuls en seront exclus qui persécuteront le Christ et ses fidèles, tandis que les gentils qui l'auront reconnu et auront fait pénitence de leurs péchés y seront admis avec les Patriarches, les Prophètes et tous les justes issus de la postérité de Jacob.

» Et voilà ce qu'Isaïe a prophétisé lorsqu'il a dit :

« Moi, Jéhovah, ton Dieu, je t'ai revêtu de justice et doté de puissance pour être le Testament du genre humain, la lumière des gentils, la clarté des aveugles, la liberté des captifs et la vérité des peuples assis dans l'erreur.[1] »

» Ce que je vous annonce, David le chantait ; Isaïe l'a prophétisé ; Zacharie l'a prédit ; Moïse l'a écrit !

» Cherchez donc le sens des Écritures et cherchez-le tout entier. C'est ainsi, seulement, que vous trouverez, à côté des

____

(1) Isaïe, LVIII.

passages qui vous rappellent à l'observance de la loi ancienne, ceux qui ont annoncé un Testament nouveau. »

Triphon s'était levé, en proie à une agitation qu'il contenait à peine, mais, bientôt, se rasseyant :

— Écoute, Israël, Jéhovah est ton Dieu et Jéhovah est Un! s'écria-t-il. Cela ne suffit-il pas à montrer combien sont sages nos docteurs qui nous interdisent toute discussion avec les chrétiens et même toute attention à leurs discours; et, en effet, quelle impiété que de prétendre qu'un homme, un crucifié puisse être Dieu!

Justin comprit cette formidable objection.

Aussi, prenant les Écritures, depuis la Genèse jusqu'aux Proverbes, il les passe en revue avec une science sans égale, montrant jusqu'à l'évidence, à côté du dogme fondamental de l'Unité divine, celui de la Trinité sans cesse désignée à la clairvoyance des initiés.

Mais là, la colère saisit Triphon et, quand Justin lui parla du Saint-Esprit manifesté par les dons divins.

— Voilà, s'écria-t-il, une insanité! laissez-moi vous le dire.

— La folie, répondit Justin, est pour ceux qui osent falsifier les paroles du Saint-Esprit. Et c'est ce que vous faites lorsque vous méconnaissez que le Seigneur a dit à Achaz par la bouche d'Isaïe :

« Pour attester ma parole, demande-moi un signe sur la terre ou dans les cieux. — Non, répond Achaz au prophète, je ne veux pas tenter le Seigneur notre Dieu. »

» Alors, le prophète inspiré lui répond :

« Ecoute, maison de David, le Seigneur te donnera ce signe que tu ne demandes pas : Voici qu'une Vierge concevra et enfantera un fils dont le nom sera : Dieu avec nous. »

» N'avez-vous pas supprimé la parole d'Esdras :

« Cette Pâque, c'est notre Sauveur, notre Salut. Que celui qui a l'intelligence et le discernement comprenne cette prophétie : Un temps viendra où nous abreuverons d'ignominies le Sauveur qui nous aura été donné comme un signe de contradiction. Si, du moins, nous reconnaissons ensuite notre erreur et si nous plaçons en lui notre espérance, ce lieu ne sera plus jamais dévasté. Voilà ce que dit Jéhovah le Seigneur. Mais, si vous persistez à rejeter la prédication de sa doctrine, vous deviendrez le jouet des nations.[1] »

» Pourquoi vos docteurs ont-ils été offusqués de cette parole de Jérémie et l'ont-ils effacée :

« Jéhovah, notre Dieu, s'est souvenu de ses morts du peuple d'Israël, endormis dans la terre de l'opprobre ; il est descendu vers eux pour leur annoncer son Sauveur. »

— Si les chefs de notre peuple ont ainsi altéré les Écritures, répondit Triphon, Dieu seul peut le savoir.

— D'autres que Dieu le savent, répondit sévèrement Justin, car, si les nouveaux textes sont falsifiés, les anciens ne sont pas tellement détruits qu'il n'en reste pas, au moins, quelques exemplaires pour montrer la réalité du fait. C'est ainsi que l'on peut prouver que vos rabbins ont essayé, en vain, de supprimer cette autre parole de Jérémie :

« Je ressemble à l'agneau qui se laisse mener, sans se plaindre, à la boucherie. Ils ont conspiré contre moi, ils ont dit : Venez, empoisonnons le pain qu'il mange; faisons-le disparaître de la terre des vivants et que son nom soit effacé de toutes les mémoires.[2] »

Triphon et ses compagnons gardèrent le silence, car ils ne pouvaient nier un fait public et évident.

Cependant, le cercle s'était agrandi des auditeurs de Justin et il était écouté par un grand nombre de personnes, dont la majeure partie appartenait à la race judaïque.

Justin montre la Croix dans l'ancien Testament.

(1) Ce texte d'Esdras était encore connu au temps de S. Justin qui le cite. Il a disparu avec beaucoup d'autres de la Bible, supprimés par les juifs qui y ont enlevé tous les passages trop clairs concernant le Messie N.-S. J.-C.

(2) Jérémie, xi, 19.

— Là, encore, s'écrie-t-il, votre main sacrilège a passé et l'on ne trouve plus dans le psaume cette parole significative : « Que les nations tressaillent d'allégresse ; le Seigneur a régné par le bois. »

« Regardez, maintenant, les merveilles de l'effusion de l'Esprit-Saint dans le monde, par Jésus-Christ. »

— Eh bien ! dit Triphon, je l'avoue, toute notre race attend le Messie, d'une foi ferme. Les passages de l'Écriture cités par vous se rapportent à son avènement. Oui, le nom de Jésus, le même que celui de Josué, conviendrait bien à un Christ.[1] Mais, quel prophète a jamais prédit que le Messie dût subir la mort ignominieuse de la croix ? Maudit soit le crucifié ! dit la loi de Moïse. Comment imaginer qu'un crucifié puisse être le Sauveur ? J'admets avec vous que l'Écriture nous parle des souffrances du Messie ; mais je ne connais aucun texte qui désigne cette croix abhorrée.

Tel était, en effet, l'aveuglement des Juifs qui ne voyaient dans la croix qu'un scandale et ne comprenaient pas qu'elle était la réalisation de toutes les prophéties et de toutes les figures messianiques. Justin en appelle à toutes ces figures ; il parle ensuite du serpent d'airain dressé par Moïse dans le désert pour guérir les plaies de ceux qui le regarderaient avec foi.

— Eh quoi ! s'écrie-t-il, est-ce qu'Isaïe n'a point dit : « J'ai les bras étendus sur ce peuple incrédule et rebelle qui s'obstine dans les voies de sa perversité.[2] »

» N'est-ce pas en forme de croix que l'Agneau des sacrifices

---

(1) Le nom de Jésus, comme le dit Triphon, avec raison, le même que celui de Josué, renferme un auguste mystère. Il est formé des quatre lettres du Tétragramme sacré formant le nom de Jéhovah (יהוה), plus une autre lettre, le (ש), Schin hébraïque qui se place au milieu, écartelant, en quelque sorte, le Nom Sacré qui se lit alors : Jehoschua (יהשוה) et signifie le mystère de l'incarnation de Dieu et son alliance avec la nature humaine par le Verbe éternel et fait chair.

(2) Isaïe, LXV, 2.

est étendu sur l'autel, et David n'a-t-il point dit : [1] « Ils ont percé mes mains et mes pieds, ils ont compté tous mes os! »

Passant ensuite aux faits historiques, Justin expose la naissance, la vie et la mort de l'Homme-Dieu.

Loin d'en contester aucun, Triphon les admet tous, mais il réclame à chacun d'eux, pour l'appuyer, une prophétie correspondante puisée dans l'ancien Testament, ce que son interlocuteur ne manque pas de faire avec sagacité.

Sous l'éclat de sa parole, l'histoire évangélique s'illumine du reflet consécrateur des prophéties accomplies et la divinité de Jésus-Christ resplendit, dogme inébranlablement appuyé sur les bases du Testament antique.

— Et maintenant, conclut-il, qu'est-ce que la Synagogue devant l'Église? L'Église est-elle supérieure à la Synagogue?

Victorieusement, le philosophe le démontre.

— Ah! dit-il en terminant, ne vous retranchez pas, non plus, en dernière analyse, derrière la fatalité qui aurait, comme beaucoup de juifs l'avancent, obligé votre race au déicide, parce que les prophètes ont prédit que le Christ serait mis à mort par les siens. Dieu avait prévu votre crime, mais, peuple ou individus, vous restiez libres. Et, aujourd'hui, vous demeurez de même libres d'implorer miséricorde et de l'obtenir par la foi au Christ et par la pénitence. [2]

Ayant ainsi parlé, Justin se tut et se renferma dans un profond silence que n'osa interrompre aucun de ses auditeurs.

Triphon paraissait plongé dans une méditation profonde. Enfin, il parut en sortir et dit au philosophe chrétien :

— Nous nous sommes rencontrés fortuitement, vous m'avez vivement intéressé et je pense que mes amis en diront autant. Nous avons appris beaucoup de choses. Assurément, si nous pouvions avoir fréquemment de pareils entre-

(1) Psaume, XXI, 17.
(2) S. Justin, *Dialogue avec Triphon* (passim).

tiens, je crois que nous ferions de grands progrès dans l'intelligence des Écritures. Mais, vous nous avez dit que vous étiez sur le point de vous embarquer. Il va donc falloir nécessairement nous quitter. Nous vous accompagnerons de tous nos vœux. Faites-nous, au moins, la grâce de vous souvenir de nous comme de véritables amis.

— Hélas! répondit Justin, je regrette de ne pouvoir prolonger ici mon séjour. Avant de prendre congé de vous, je vous en supplie, encore une fois, ne vous laissez pas détourner par vos docteurs d'étudier le Christ que le Dieu tout-puissant a envoyé sur la terre. Le salut de votre âme est à ce prix. Adieu! adieu! le meilleur vœu que je puisse former pour vous est de vous voir un jour réunis avec nous dans la foi de Jésus-Christ, fils de Dieu, Sauveur et Rédempteur du monde.

Ayant ainsi parlé, Justin drapa sur ses épaules les plis de son pallium et quitta le Xyste, laissant ses auditeurs dans le regret de le perdre et l'admiration de l'avoir entendu.[1]

---

(1) Nous avons voulu donner une idée du dialogue de S. Justin avec Triphon, parce qu'il constitue une excellente apologie du christianisme aux juifs de toute époque, même de la nôtre. En réalité, cet entretien tenu au Xyste d'Éphèse avait duré deux jours.

Insensé, lui dit Aurélianus, peux-tu ainsi, âgé à peine de quarante ans,
perdre ton existence à plaisir? (P. 51.)

IV

Justin comprit que tous ses efforts devaient tendre à
modifier les idées impériales, afin d'engager doucement les
maîtres du monde dans une voie de tolérance où les suivrait,
peut-être, le peuple.

Déjà, avant lui, Aristide l'Athénien avait parlé devant
Hadrien, annonçant hautement la divinité de Jésus-Christ et
la noblesse de la foi.[1]

Dans le même temps, Quadratus en appelait, dans le
même sens, au témoignage des miracles du Sauveur dont les
bénéficiaires avaient vécu longtemps au su et vu de tous,
vivants attestateurs de sa divinité.

Mais il était réservé à Justin d'élever la voix à des hauteurs encore inconnues des timides chrétiens de son temps.

Avec toute la noblesse de son caractère apostolique, Justin
commence ainsi son appel à l'empereur :

« A l'empereur Titus Œlius Adrianus Antoninus Pius,
César Auguste ; à Verissimus, son fils, ami de la vérité ; à

______

(1) Aristide était Athénien, selon S. Jérôme (*De Viris*, 26). Son apologie, très
répandue encore au temps d'Eusèbe (IV, 3), était encore en honneur à Athènes au
commencement du moyen âge. Cet important ouvrage est perdu.

Lucius également philosophe, fils de César et fils adoptif de Pius; à l'auguste sénat et au peuple romain; en faveur des hommes, de toute condition, qui sont injustement haïs et persécutés comme chrétiens, moi, Justin, fils de Priscus, petit-fils de Bacchius, citoyen de la colonie de Flavia-Néapolis, dans la Palestine Syrienne, chrétien aussi, j'adresse cette apologie et cette requête.

» La raison prescrit à quiconque est réellement pieux et philosophe de rechercher exclusivement et d'aimer la vérité, en lui sacrifiant, au besoin, les préjugés héréditaires. Pour la vérité, le vrai sage doit être prêt à mourir.

» Princes, on vous donne les titres de *Pieux* et de *Philosophes*, on vous salue des titres glorieux de défenseurs de la justice et d'amis de la vérité; il vous faut prouver que vous les méritez.

» Je ne viens, par mes paroles, ni vous flatter ni vous demander grâce. Nous vous demandons justice, nous vous prions de nous entendre avant de nous condamner.

» N'écoutez ni les injustes préventions ni les superstitions intéressées, ni les passions aveugles ni les rumeurs populaires.

» En nous frappant ainsi, c'est vous que vous frapperiez. Nul, en effet, ne saurait nous nuire si nous ne nous nuisons à nous-mêmes en commettant l'injustice ou le crime.

» Vous pouvez nous tuer, mais il n'est pas en votre pouvoir de nous nuire.[1] »

Parti sur ce ton magistral, Justin déroule la longue suite de réclamations que les chrétiens sont en droit de présenter.

Il examine la situation légale qui leur est faite par les rescrits de Trajan et d'Hadrien.

— Quoi! s'écrie-t-il, le Panthéon romain abrite toutes les

----

(1) S. Justin, Apologie I, *pro Christianis*, 1, 11.

religions étrangères et vous refusez aux disciples de Jésus-Christ la liberté de conscience!

» La religion de Jésus-Christ est la vérité absolue, et c'est à ce titre que nous réclamons son droit à l'existence, car c'est un devoir pour tous et pour les empereurs eux-mêmes, de lui sacrifier les traditions erronées des aïeux et les préjugés populaires de leur vie même.

» Platon, dont vous ne sauriez récuser le témoignage, a dit cette sentence : « Malheur à la cité dont le souverain et les sujets négligent la recherche de la vérité.[1] »

» C'est donc un devoir pour nous, chrétiens, qui la possédons, de la faire connaître à tous, et c'est le vôtre de l'étudier avec soin et de ne la juger qu'après mûr examen.

» Pourquoi vous attacher à punir du supplice quiconque se dit chrétien? Est-ce donc qu'un nom constitue un crime?

» Vous nous accusez d'athéisme.

» Si l'on prétend nous faire adorer cette multitude de dieux de toute sorte qui ne sont que des formes variées du mal et de la corruption, oui, nous serions des athées.

» Mais, nous adorons le Dieu unique et véritable, Père de toute justice et de toute vertu, nous l'adorons conjointement avec le Fils issu de lui, qui nous a apporté la lumière céleste, conjointement avec l'Esprit-Saint.

» C'est la raison et la vérité même qui font le fond de notre culte, et nous nous faisons un bonheur et un devoir de communiquer les divines lumières dont nous avons été éclairés, à ceux qui en sont dignes.

» A moins donc d'abjurer toute raison, peut-on nous accuser d'athéisme quand nous adorons le Dieu qui a créé l'univers, quand nous avons de sa majesté infinie, une idée si haute et si pure?

» Nous croyons fermement qu'en accomplissant les œuvres

(1) Platon, *de Republica*, l. v.

de notre foi, nous participerons, un jour, à la gloire de notre Dieu.

» C'est là le royaume que nous ambitionnons et non l'élévation d'un trône temporel sur les débris des vôtres.

» Nous ne craignons pas la mort.

« Votre Dieu est un crucifié et vous êtes des fous! » Voilà ce que nous jettent sans cesse à la face, ceux qui ignorent l'auguste mystère de la Croix qui confond la prétendue sagesse du monde. »

Avec une éloquence consommée, alors, Justin expose les grandes vérités de la foi et entre dans les plus grands détails sur le mystère de notre rédemption.

Avec un grand esprit d'à propos, il extrait de son sujet tout ce qui peut faire une impression immédiate et saisissante sur l'esprit de l'empereur.

— « Rendez à César, disait Jésus-Christ, ce qui est à César et à Dieu, ce qui est à Dieu; » s'écrie Justin. Voilà le principe qui domine toute notre conduite politique. Nous n'adorons que Dieu seul, mais nous accomplissons envers vous, princes, tous nos devoirs de fidèles sujets. Nous vous reconnaissons comme nos souverains et, en priant Dieu pour votre puissance impériale, nous lui demandons de vous conserver la saine raison qui en règle l'usage.

» Le scandale de la croix, dit ensuite le philosophe chrétien, n'est pas une ignominie quand on l'examine à la lumière des prophéties et des miracles.

» Tous les prophètes ont annoncé la mort ignominieuse du Dieu Rédempteur, mais ils ont annoncé aussi sa résurrection, le châtiment du peuple déicide et les conquêtes miraculeuses de ses disciples dans le monde entier.

» Et tout s'est accompli!...

» N'invoquez pas la loi de la fatalité, devant l'accomplissement des prophéties, car Platon l'a dit avant moi : « La

faute retombe sur l'homme qui choisit librement sa voie,
elle n'est pas à Dieu.[1] »

» Voici donc qu'un peuple nouveau s'est levé, investi des
vertus du ciel, et, ô ironie et folie des jugements populaires,
les plus infâmes calomnies se répètent au Forum et dans les
marchés, dans tous les lieux publics, telles et si absurdes,
que leur absurdité même fait leur force et qu'il nous faut les
détruire devant vous, à la face du sénat et du peuple.

» Et s'il faut, pour cela, lever les voiles de ce secret
gardé loin des profanations, par nos pontifes je les écarterai
afin que vous connaissiez la vérité entière sur notre culte.

» Oui, nous vénérons la croix! Mais, dites-nous, son
signe n'est-il pas partout répandu, à nos yeux, comme un
emblème universel?

» Quand un homme gagné à la vérité de notre doctrine,
veut l'embrasser, après qu'il a jeûné et prié avec nous, nous
le conduisons au baptistère où nous le plongeons dans l'eau
sainte de la régénération, au nom de Dieu le Père, créateur
du monde, au nom de Notre-Seigneur Jésus-Christ, son Fils
et notre Sauveur, au nom de l'Esprit-Saint.

» Le jour qui est consacré parmi vous au culte du soleil,
nous nous réunissons tous. Nous lisons en commun les actes
des Apôtres et les écrits des Prophètes.

» Après cela, celui qui préside notre assemblée, nous
invite à imiter les exemples et les vertus des saints.

» Tous, alors, nous faisons une prière publique.

» On apporte ensuite le pain, le vin et l'eau de l'oblation.

» La prière eucharistique est prononcée par celui qui
préside, avec toute la ferveur dont il est capable, et le peuple
y répond par l'acclamation sacrée : *Amen!*

» Les dons eucharistiques sont, alors, distribués aux
assistants qui y prennent part.

____

(1) Platon, *de Republica*, l. x.

» Les diacres sont chargés de les porter aux absents. Les riches donnent librement ce qu'il leur plaît, et leurs offrandes déposées entre les mains de celui qui préside l'assemblée servent à subvenir aux besoins des veuves, des orphelins, des malades, des pauvres, des prisonniers, des voyageurs, en un mot, à toutes les infortunes.

» Et maintenant, princes, si notre religion vous paraît conforme à la raison et à la vérité, respectez-la. Si, au contraire, tout cela vous semble un tissu de futilité, dédaignez-la, mais n'armez pas votre bras pour frapper de mort des hommes dont la folie, au moins, est inoffensive.

» Pour nous, il nous suffit de vous avoir avertis, vous n'éviterez pas le jugement de Dieu.

» Maintenant, quelle que soit votre sentence, que la volonté de Dieu soit faite! Nous en appelons directement à la justice de notre cause.

V

Au temps où Justin élevait ainsi la voix, la persécution battait son plein.

Les papes se succèdaient rapidement, voués d'avance, aux premières recherches et aux premiers coups.

Alexandre avait siégé huit ans. Il subit le martyre avec les prêtres Eventius et Théodulus et fut enseveli sur la via Nomentana.

Jeune par l'âge, vieux par la foi, ses hautes vertus lui avaient concilié tant d'amitiés dans Rome qu'il convertit un grand nombre de personnages distingués parmi lesquels le préfet de Rome, Hermès, qu'il baptisa avec sa femme, sa sœur et ses fils, ainsi que ses douze cent cinquante esclaves.

Hermès les affranchit tous et leur distribua ses biens, mais ils continuèrent à le servir comme auparavant.

Aurélianus, chef de la milice, avait été envoyé à Rome par l'empereur avec ordre de mettre à mort tous les chrétiens. A peine arrivé, les prêtres païens lui dénoncèrent Hermès et sa famille.

Par son ordre, Hermès et Alexandre furent jetés dans un cachot; la foule ameutée criait :

— Qu'on les brûle vifs! ceux qui rendent nos temples déserts et ont détourné des dieux des millions d'hommes.

Hermès était placé sous la garde du tribun Quirinus.

— Comment se fait-il, lui dit ce dernier, qu'un patricien tel que vous, un lieutenant de l'empereur ait pu changer contre des fers une place honorable?

— Je n'ai pas perdu ma préfecture, répondit Hermès; je n'ai fait que la déplacer. Une dignité terrestre est fragile, mais une dignité céleste est solide comme Dieu lui-même.

— Quoi! vous dont nous admirons la sagesse, vous avez pu vous laisser séduire par une doctrine aussi insensée! Vous croyez qu'il reste quelque chose de nous, après cette vie, quand un souffle suffit pour éparpiller nos cendres?

— Moi aussi, hier encore, je croyais, que cette vie mortelle était la seule estimable et je riais de toute espérance éternelle.

— Mais, dit Quirinus, qui donc a pu vous faire ainsi changer d'avis? Sur quelles preuves vous êtes-vous converti? dites-le-moi, et, peut-être, croirai-je aussi moi-même?

— Tu as en ce moment sous ta garde, répondit Hermès, le prisonnier qui m'a converti. C'est Alexandre.

— Alexandre! s'écria le tribun, maudit soit cet imposteur! Illustre Hermès, mon maître très cher, je vous en prie, reprenez votre grade en revenant à vous-même; Aurélianus m'a chargé de vous dire que, si vous consentez à sacrifier aux dieux, rien n'est perdu pour vous. Je vous demandais sincèrement quelles preuves vous avaient convaincu et vous me nommez un misérable magicien, un scélérat que j'ai fait jeter dans une basse fosse en attendant que je fasse brûler vif ce charlatan. Mais, un paysan serait à peine attiré par le piège grossier dans lequel il vous a fait tomber! S'il est aussi puissant qu'il le dit, il a un bon moyen de le prouver c'est de se délivrer lui-même et vous avec lui!

— Les Juifs, dit Hermès, ont dit de même au Seigneur,

sur la croix. Le divin Maître ne leur a pas montré sa puissance, connaissant leur mauvaise foi.

— Eh bien, s'il en est ainsi, dit Quirinus, je vais aller trouver votre Alexandre et je lui dirai : Veux-tu que je croie à ton Dieu? Fais en sorte qu'après avoir triplé tes chaînes, je te trouve, à l'heure du souper, dans la prison d'Hermès. Si je suis témoin d'un pareil prodige, je croirai.

Quirinus se rendit dans le cachot du pape Alexandre et lui tint ce langage. Puis il s'éloigna, après avoir doublé les gardes.

Alors, Alexandre se jeta à genoux et s'écria :

— Mon Seigneur et mon Dieu, vous qui m'avez fait asseoir sur la chaire de votre apôtre Pierre, vous m'êtes témoin que je ne veux pas échapper à la passion qui m'attend. Accordez-moi seulement que je puisse, ce soir, être dans le cachot de votre serviteur Hermès et faites que demain matin, je sois de retour dans cette cellule.

La nuit vint. Alexandre attendait le miracle.

Tout à coup, un enfant apparut au prisonnier, tenant une torche ardente, le prit par la main, et le conduisit à la cellule d'Hermès.

Les deux martyrs se mirent en prières. Cependant, la porte du cachot s'ouvrit et Quirinus apparut portant le repas du soir au prisonnier.

Saisi de stupeur, il ne pouvait articuler aucun mot.

Alors, les deux prisonniers lui dirent :

— Quirinus, tu as voulu un prodige pour croire. Crois donc en Jésus-Christ, Fils de Dieu, qui a promis d'exaucer ses serviteurs et qui les exauce, en effet.

Mais le tribun avait eu le temps de reprendre ses esprits :

— Voilà, dit-il, un des prestiges de votre magie!

— Quoi! s'écria Hermès, est-ce donc par notre volonté que nous aurions pu briser, sans traces d'effraction, les portes de ton cachot? Crois donc, car il n'y a pas là d'autre magie que la puissance de Jésus-Christ qui rendait la vue aux aveugles, guérissait les lépreux et ressuscitait les morts.

Quirinus était ébranlé.

— J'ai, dit-il, ma fille Balbina que j'espérais marier bientôt; il lui est venu un goître; guérissez-là et je croirai.

— Détache, lui répondit Alexandre, cette chaîne de mon cou, fais la toucher à ta fille et elle sera guérie. Tu peux fermer la porte de la manière accoutumée, car, demain matin, je serai dans mon cachot.

Quirinus se décida.

Le lendemain à l'aube, il ouvrait la porte du cachot d'Alexandre, sa fille Balbina l'accompagnait guérie.

Il se prosterna aux pieds d'Alexandre et, tout en larmes, s'écria :

— Seigneur, je vous en conjure, intercédez pour moi auprès du Dieu dont vous êtes le pontife, afin que je trouve grâce pour mon incrédulité passée. Voici ma fille, votre servante, j'ai fait ce que vous m'avez dit et elle est guérie!

Quirinus était converti.

— Combien, lui dit Alexandre, y a-t-il de captifs ici?

— Une vingtaine, répondit le tribun.

— Informe-toi s'il en est parmi eux qui aient été mis en prison pour le nom de Jésus-Christ.

Quirinus s'empressa d'obéir et, bientôt revenu :

— Il y a, dit-il, un vieux prêtre nommé Eventius et un autre venu d'Asie et appelé Théodulus.

— Amène-les moi, lui dit Alexandre.

Le tribun amena avec eux les autres prisonniers.

— Je t'amène, dit-il au saint pontife, des voleurs, des assassins, des criminels de toute sorte.

— C'est pour les pécheurs, dit le pontife, que Notre-Seigneur est descendu du ciel; il nous appelle tous à la pénitence et au pardon.

Et il se mit à les instruire avec une telle éloquence qu'ils fondirent en larmes et demandèrent le baptême.

Le pontife, alors, chargea Eventius et Théodulus de les recevoir comme catéchumènes et d'achever de les instruire.

Bientôt, Quirinus, Balbina, tous les membres de sa maison et tous les prisonniers reçurent le baptême. La prison était changée en église.

Cependant, Quirinus fut mandé par Aurélianus.

— Quoi? lui dit celui-ci, tu t'es laissé tromper par cet Alexandre et ses prestiges!

— Je suis chrétien, dit Quirinus, je ne renierai pas ma foi. Tous les prisonniers dont j'avais la garde, sont chrétiens comme moi. J'ai supplié Alexandre et Hermès de s'enfuir de leur prison dont je leur avais ouvert les portes, ils s'y sont refusés. Ils aspirent à la mort comme des affamés après un banquet. J'ai dit. Maintenant, traitez-moi comme il vous plaira.

— Insolent! s'écria Aurélianus irrité, je vais te faire couper la langue et appliquer la torture.

En effet, Quirinus eut la langue coupée, subit le supplice du chevalet après lequel on lui coupa successivement les mains et les pieds. Enfin, on lui trancha la tête et son corps fut jeté aux chiens. Mais les chrétiens l'ensevelirent dans le cimetière de Prétextat. Sa fille Balbina se voua à la virginité.

Aurélianus fit trancher la tête à Hermès et noyer en mer les prisonniers baptisés par Alexandre et les deux prêtres Eventius et Théodulus qu'il se réserva d'interroger lui-même.

— Je veux, dit-il au pontife, apprendre de ta bouche le mystère de votre secte. Explique-moi comment, au nom de je ne sais quel Christ vous courez au-devant des chaînes et de la mort?

— Ce que vous me demandez, répondit Alexandre, est le secret des Saints. Or, il nous a été dit : « Ne donnez pas les saints mystères aux chiens. »

— Je suis donc un chien! s'écria Aurélianus.

— Hélas ! reprit le saint pape, le chien meurt entièrement et n'a pas de compte à rendre après la vie ; il n'a pas d'âme immortelle, susceptible de souffrir pendant l'éternité ; mais l'homme fait à l'image de Dieu, se doit à des devoirs qui dérivent de sa dignité même.

— Tu ne réponds pas à ma question nettement, dit Aurélianus. Réponds-y ou je vais te livrer aux verges.

— Quoi ! s'écria Alexandre, vous prétendriez m'arracher la révélation de nos mystères ! Sachez qu'en dehors de mon Dieu, rien ne saurait me faire trembler. Les chrétiens savent tout souffrir plutôt que de trahir le secret de leur foi et cependant, ils le donnent sans réserve aux plus petits de leurs disciples.

— Trêve de subterfuges ! tu es devant le lieutenant du maître du monde.

— Prenez garde, au néant de votre toute-puissance.[1]

— Misérable ! s'écria Aurélianus, j'ai trop tardé à sévir ; tu vas expirer dans les supplices.

— Soit, dit Alexandre, je mourrai comme Hermès, ce patricien que le martyre a vraiment mis au rang des *clarissimes*. Je mourrai comme Quirinus, ce vrai tribun du Christ, et comme ces régénérés glorieux qui viennent de monter au ciel.

— Voilà justement ce que je te demande, s'écria Aurélianus, pourquoi, vous autres chrétiens, préférez-vous la mort à toutes les offres que je puis vous faire ?

— Je te l'ai dit, répondit Alexandre : « Il n'est pas permis de livrer aux chiens le mystère de la sainteté. »

— Encore cette insulte ! s'écria Aurélianus. Licteurs, faites votre charge.

Alexandre étendu sur le chevalet eut les flancs déchirés et l'on aviva ses plaies avec des torches ardentes.

(1) Alexandre prédisait ainsi la mort subite d'Aurélianus, qui arriva peu de temps après, ainsi que celle de l'empereur.

Le martyr souriait en priant.

— Insensé, lui dit Aurélianus, peux-tu ainsi, âgé à peine de quarante ans, perdre ton existence à plaisir?

— Plût à Dieu, s'écria le martyr que vous ne perdiez pas vous-même votre âme immortelle.

En ce moment, la femme d'Aurélianus envoya un messager à son mari pour lui dire :

— Mettez Alexandre en liberté, car c'est un saint. Si vous persistez à le faire souffrir, vous serez poursuivi par la vengeance divine et j'aurai la douleur de vous perdre.

La femme d'Aurélianus était chrétienne.

Quant le saint pape fut descendu du chevalet, Aurélianus lui demanda, en lui indiquant Eventius et Théodulus.

— Qui sont ceux-ci?

— Ce sont deux saints et deux prêtres, dit Alexandre.

— Comment te nommes-tu? dit le magistrat à Eventius.

— Eventius; mon nom spirituel est « chrétien; » je fus baptisé à onze ans et ordonné prêtre à vingt ans. J'ai quatre vingt-un ans et cette dernière année est la plus heureuse de ma vie, car je l'ai passée dans un cachot pour l'amour de mon Dieu!

— Aie pitié de ta vieillesse, dit Aurélianus, renonce au Christ, j'honorerai tes cheveux blancs, tu seras l'ami de l'empereur et tu auras de grands biens.

— Je vous croyais quelque sagesse, dit Eventius; votre cœur est aveuglé et fermé à la lumière divine. Il en est encore temps. Croyez en Jésus-Christ Fils du Dieu vivant et vous obtiendrez miséricorde.

Aurélianus, pour toute réponse, fit éloigner Eventius et approcher Théodulus.

— Et toi, lui dit-il, mépriseras-tu aussi les ordres de l'empereur?

— Ni vous, ni vos ordres ne sauriez m'effrayer, dit Théodulus, qui êtes-vous pour oser torturer les saints de Dieu et que vous a fait le saint pontife Alexandre?

— Espères-tu donc échapper au supplice?

— A Dieu ne plaise!

Aurélianus, alors, donna l'ordre d'attacher dos à dos Alexandre et Eventius et de les jeter dans une fournaise, tandis que Théodulus serait témoin de leur supplice.

Du milieu des flammes, Alexandre s'écria :

— Théodulus, mon frère, viens à nous! l'ange qui apparut aux trois jeunes Hébreux est à côté de nous!

Théodulus se précipita dans les flammes.

Et les trois martyrs chantaient la parole du psaume :

« Seigneur, vous nous avez éprouvés par le feu et il ne s'est trouvé en nous aucune iniquité. »

Irrité, Aurélianus les fit retirer du feu et ordonna que les deux prêtres eussent la tête tranchée, tandis qu'Alexandre aurait le corps lentement percé par des dards.

Soudain une voix se fit entendre et dit :

— Ces morts que tu outrages sont maintenant en possession d'éternelles délices, mais toi, tu vas descendre en enfer.

Epouvanté, il rentra dans son palais et dit à sa femme :

— J'ai cru voir un jeune homme vêtu de lumière; il a jeté à mes pieds une épée flamboyante et m'a dit : « Aurélianus, tu vas être récompensé comme tu le mérites. » Hélas! un tremblement nerveux m'a pris, j'ai une fièvre dévorante. Je t'en prie, invoque ton Dieu prie-le de me faire grâce.

— J'irai, moi-même, répondit Séverina, ensevelir les saints martyrs, ils prieront pour nous.

Mais Aurélianus, en proie au délire et à la fièvre, s'accusait lui-même et se chargeait d'imprécations.

— Malheureux! lui dit Séverina, que n'avez-vous suivi mes avis. La main de Dieu vous frappe!

Aurélianus expira dans d'atroces convulsions.[1]

Dix ans après, Sixte, successeur d'Alexandre, cueillait à

(1) Actes de S. Alexandre. Bollandistes, c. iv, 3 maii.

son tour la palme du martyre dans un redoublement de la persécution à la suite des apologies d'Aristide et de Quadratus.

Télesphore succéda et, au milieu de nombreux martyrs, cueillit la palme glorieuse par la décapitation.

Enfin, pendant que le philosophe Justin faisait entendre sa voix éloquente, le pape Hygin occupait la chaire de Pierre.

Grec d'origine, il avait étudié la philosophie à Athènes. Il devait siéger quatre ans, trois mois et huit jours.

Il réorganisa le clergé de Rome et la répartition des titres et des charges entre chacun de ses membres.

Son pontificat vit la lutte de l'Eglise contre les hérétiques, Valentin et Cerdon, dont le dernier professait les théories de Simon le Magicien, terrassé naguère par saint Pierre.

Il écrivit deux épîtres contre les gnostiques et, au moment où il se réjouissait de voir Justin employer à la défense de l'Eglise, l'érudition qu'il avait acquise dans l'étude antérieure à sa conversion, des philosophes et des poètes païens, les anges tressaient pour lui la couronne du martyre.

Les actes de son martyre ne sont pas arrivés jusqu'à nous.

Toutes les têtes illustres de l'Eglise étaient, alors, inévitablement frappées et les chrétiens obscurs partageaient souvent, en grand nombre, leur supplice, malgré la prétendue sagesse d'Antonin.

VI

Cependant, déjà, les chrétiens n'étaient plus aux yeux des empereurs, cette tourbe de gens sans aveu que l'on se plaisait à accuser de sortir de la lie du peuple.

Le patriciat romain était venu en masse à la foi de Jésus-Christ et d'illustres têtes étaient tombées en grand nombre à Rome et dans les provinces sous la hache des licteurs.

César allait être obligé, bientôt, de compter avec Pierre.

Déjà, Hadrien, qui avait succédé à Trajan et auquel Aristide et Quadratus avaient adressé les premières apologies, avait été saisis de plaintes émanant de ses propres proconsuls et en appelant à sa justice impériale de la fureur du peuple qui, au milieu des jeux de l'amphithéâtre, hurlait tout à coup :

— Les chrétiens aux lions !

Cri féroce et bestial d'une populace en délire dont les passions exaltées par des visions sanglantes exigeaient qu'on jetât sur l'heure, sans procès et sans jugement, aux bêtes féroces, ceux qu'elle désignait du doigt.

Serenius Granianus, proconsul d'Asie, avait écrit à Hadrien pour lui dire qu'une pareille conduite était une iniquité monstrueuse, et qu'un pareil sacrifice incessamment

Se gorgeant, alors, d'aliments que son estomac ne pouvait plus digérer,
il expira ainsi. (P. 58.)

renouvelé et fait aux frénétiques clameurs d'une populace en délire lui paraissait une barbarie indigne de Rome et de César.

L'empereur répondit à Minucius Fundanus qui venait de succéder dans le gouvernement de l'Asie à Serenius Granianus, une lettre que les écrits de Justin et d'Eusèbe nous ont conservée.

Grâce à ce rescrit, les provinces de Grèce et d'Asie virent se ralentir la fureur de la persécution.

Les passions populaires furent, de ce chef, un peu calmées mais non éteintes, pas plus que la haine des magistrats contre le nom chrétien, de sorte que si l'Église entrevit la paix, elle n'en jouit pas encore complètement.

Cependant l'idée chrétienne faisait de tels progrès dans la généralité des esprits, que nous voyons[1] Alexandre Sévère former le projet d'élever un temple au Christ qu'il voulait admettre au nombre des divinités de l'empire.

Cette pensée était aussi venue à Hadrien et il avait ordonné qu'on bâtit dans tout l'empire des temples sans images[2] et sans consécration particulière à aucune divinité spéciale.

Mais comme rien ne se faisait sans que l'on eut, auparavant, consulté les oracles, ceux-ci répondirent :

— Gardez-vous d'agir ainsi, car tout le peuple se fera chrétien et abandonnera les temples des autres dieux.

L'année qui vit mourir saint Télesphore vit aussi se terminer le règne d'Hadrien.

Ce fut en vain qu'il fit appel à tous les magiciens de son empire, son mal résista à toutes les ressources de la magie.

Le doux séjour de Tibur lui devint insupportable.

Il se fit transporter à Baïa, sur le golfe de Naples, espérant retrouver la santé sous l'azur enchanteur de son ciel.

Les souffrances qu'il endurait étaient telles qu'il demanda

(1) Sur la foi de Lampridius. Alex. Sev., ch. XLIII.
(2) On les nomme encore Hadrianées.

vingt fois du poison à ses médecins, un poignard à ses familiers, leur promettant de magnifiques récompenses s'ils l'aidaient à se débarrasser de la vie.

Mais nul ne voulait lui rendre un pareil service.

Il imagina un expédient moins tragique. Il se fit couronner de fleurs et parfumer ; on prépara un festin splendide auquel il invita de nombreux convives.

Se gorgeant, alors, d'aliments que son estomac ne pouvait plus digérer, il expira ainsi, plaisantant sur son âme et lui demandant railleusement, en vers, ce qu'elle comptait devenir sans lui. Une telle mort couronnait un règne qui n'avait été qu'une ironie sanglante.

Le dernier décret du défunt, désignait, pour son successeur, un prince que ses vertus avaient rendu l'idole de Rome.

C'était Titus Aurélius Flavius Antoninus, que l'histoire devait appeler Antonin le Pieux.

Désintéressé, libéral, entendu en affaires, juste et bon, telles étaient les qualités qui lui avaient conquis l'amitié de tous. Comblé de dignités il n'en avait brigué aucune.

Son nom fut proclamé du haut du capitole au milieu des ovations populaires les plus enthousiastes.

Quand Justin présenta son apologie à l'empereur, la persécution sévissait de nouveau à Rome et dans les provinces.

A la nouvelle de la remise de cette pièce importante à la chancellerie impériale, le cœur de tous les fidèles palpita d'anxiété et d'espérance.

L'empereur lirait-il la requête ou chargerait-il ses scribes de lui en présenter un résumé substantiel ? Hélas ! ne la dédaignerait-il pas, sans vouloir même y jeter les yeux ?

Les fidèles de Rome mirent en œuvre toutes les ressources de la prière, afin que Dieu qui tient entre ses mains le cœur des princes, touchât d'un rayon de sa grâce celui d'Antonin.

Conjointement avec l'apologie du grand philosophe chrétien, l'empereur recevait des principaux centres de l'Asie, de nombreuses plaintes émanant des chrétiens persécutés et journellement immolés sous les plus absurdes prétextes.

Véritables boucs émissaires de la fureur populaire, les chrétiens étaient rendus responsables de tous les événements malheureux.

Les gouverneurs, eux-mêmes, s'inquiétaient d'un état de choses qui prenait des proportions anormales.

Un jour, un bruit courut parmi les chrétiens de Rome.

— Savez-vous la nouvelle?

— Quelle nouvelle?

— Vous n'êtes point passé par le Forum?

— Non.

— Allez-y, approchez-vous des rostres et lisez le décret impérial qui y est affiché.

— Encore une nouvelle persécution?

— Non! Jésus-Christ soit loué! Le décret impérial, au contraire, est rédigé en notre faveur. La requête de Justin a été lue et entendue par l'empereur.

En effet, Antonin avait reçu l'apologie, et son décret favorable affiché aux rostres était vivement commenté par la foule.

L'édit d'Antonin mettait fin à la troisième persécution générale qui durait depuis Trajan.

On pouvait le considérer comme une réponse officielle de l'empereur à l'apologie de saint Justin.

Il fut promulgué solennellement; on en afficha des copies à Éphèse, à Larisse, à Thessalonique et à Athènes.

Et ce grand spectacle fut donné au paganisme; le plus pieux de ses empereurs proclamant la sainteté du culte de Jésus-Christ.

DEUXIÈME PARTIE

I

FÉLICITÉ ET SES SEPT FILS.

Le pape Pie I avait régné dans une paix relative depuis le consulat de Rufin et Quadrat jusqu'à la fin de celui d'Orphitus et Priscus.[1]

Il cueillit lui aussi, sans doute, la palme du martyre,[2] et fut enseveli au cimetière du Vatican.

Douze jours après, Anicet, Syrien d'origine, fut élu sous le consulat de Gallianus et Vetus.

Il devait voir, de nouveau, couler le sang chrétien.

Irrités de la clémence d'Antonin et de ses procédés de justice envers les chrétiens, les pontifes païens fomentaient la colère du peuple et excitaient l'empereur contre eux.

Ils résolurent de perdre une femme illustre qui avait consacré son veuvage à Jésus-Christ et faisait avec ses sept fils l'édification de l'église de Rome tout entière.

Ils vinrent donc trouver l'empereur et lui dirent :

(1) De 142 à 149 environ.
(2) Nous disons sans doute, parce que son genre de mort est resté peu sûr.

— Divin César, il y a une femme qui conspire contre votre sûreté et passe sa vie à blasphémer les dieux. Si votre justice ne met pas bientôt bon ordre à ce scandale, la vengeance des dieux outragés éclatera bientôt, terrible. Nous en avertissons votre piété, hâtez-vous de conjurer cet effroyable péril.

Antonin fut pris à la ruse de ce discours et donna au préfet de Rome Publius, l'ordre de s'occuper de cette affaire et d'obliger Félicité et ses fils à sacrifier aux dieux outragés, afin d'apaiser leur colère.

Publius fit venir la veuve chrétienne et mit tout en œuvre pour la déterminer à sacrifier.

— Vos promesses et vos menaces, répondit-elle, ne peuvent ni me séduire ni m'effrayer. Le Saint-Esprit a la garde de mon âme. Je suis sûre du triomphe. Vivante, je ne vous crains pas, et, si vous m'envoyez au supplice vous m'envoyez à la victoire éternelle.

— Malheureuse femme! s'écria le préfet Publius, s'il vous plaît de mourir, laissez au moins vivre vos enfants.

— Ils vivront, répondit l'héroïque chrétienne, mais à la condition de ne pas sacrifier aux idoles, car, coupables d'un pareil forfait, ils mourraient éternellement.

Devant un langage aussi déterminé et aussi précis, Publius comprit qu'il lui serait inutile d'insister; il renvoya la veuve et, le lendemain, la fit comparaître en public avec ses sept fils à son tribunal, situé au Champ de Mars.

— Ayez pitié de vos enfants! dit-il à l'illustre veuve chrétienne. Rome admire leur élégance et leurs grâces, ne les faites point périr à la fleur de l'âge!

— Votre pitié est impie et votre compassion est cruelle, répondit la veuve chrétienne.

Et, se tournant vers ses fils :

— Mes enfants, leur dit-elle, regardez le ciel. Elevez vos cœurs vers Dieu; le Christ et ses saints vous attendent; soyez fidèles, je vous en conjure pour le salut de votre âme.

— Quoi ! s'écria Publius, c'est ainsi que tu oses, en ma présence, enseigner la révolte contre les empereurs ! Licteurs, souffletez cette audacieuse !

Alors, s'adressant à l'aîné des sept fils de Félicité :

— Ecoute, Januarius, lui dit-il, tu suivras les avis de ma sagesse, tu sacrifieras aux dieux, et tout ce que tu pourras désirer de biens et d'honneurs te sera accordé par l'empereur.

— Ce serait, de ma part, une criminelle folie ! répondit Januarius ; la sagesse de Jésus-Christ est la seule dont je suive les avis et qui me fera vaincre les tourments.

Publius, le fit flageller et jeter dans un obscur cachot.

— Et toi, Félix, dit-il au second, n'obéiras-tu pas ?

Mais il obtint sans cesse la même réponse :

— Il n'y a qu'un seul Dieu, c'est lui seul que nous adorons, lui seul a droit aux hommages de tous les hommes. C'est en vain que vous espérez nous séduire, aucun de mes frères ne consentira plus que moi à sacrifier aux idoles ; ni vos promesses ni vos supplices ne pourront ébranler notre foi.

Sur l'ordre de Publius, Philippe, le troisième fils de Félicité, fut amené devant le tribunal.

— L'empereur Antonin, notre maître, lui dit le préfet, t'ordonne de sacrifier aux dieux tout-puissants.

— De quels dieux tout-puissants parlez-vous ? répondit le jeune homme ; ces vains simulacres muets et insensibles, ces idoles ne sont ni dieux ni tout-puissants. Offrir des sacrifices à ce qui n'est rien c'est se dégrader et perdre son âme.

A son tour, Sylvanus, le quatrième, fut amené.

— Je vois, lui dit le préfet, que sur les conseils de votre misérable mère, vous avez juré tous de désobéir à l'empereur. Faudra-t-il donc tous vous châtier de mort ?

— Pouvons-nous, dit Sylvanus, hésiter entre vos supplices qui ne durent qu'un instant et la mort éternelle ? Nous savons quelles seront les récompenses des justes et de quels châtiments seront punis les pécheurs ; nous préférons obéir à Dieu qu'aux hommes. Nous méprisons vos idoles parce que nous adorons le Dieu tout-puissant qui, seul, peut nous donner la vie éternelle. Rendre hommage au démon serait nous damner pour l'éternité.

On fit éloigner Sylvanus et le préfet ordonna d'amener le cinquième, Alexandre, qui était un adolescent.

— Mon enfant, dit Publius, prends pitié de ton jeune âge; n'imite pas tes frères, l'empereur te comblera de richesses si tu lui obéis; sacrifie aux dieux.

— Moi aussi, répondit Alexandre, je suis un serviteur de Jésus-Christ. Vous vous attendrissez sur mon jeune âge, mais notre Dieu donne aux enfants la sagesse des vieillards. C'est ce Dieu unique qui a seul droit à mes adorations, tandis que vos idoles, sont avec leurs adorateurs, la proie des enfers.

Ce fut au tour de Vitalis, le sixième.

— Toi, du moins, dit le préfet, tu voudras sauver ta vie.

— Quel est le meilleur moyen de sauver sa vie? répondit le jeune garçon, est-ce d'obéir à Dieu ou au démon?

— Qu'entends-tu par le démon? demanda Publius.

— Tous les dieux des nations sont des démons, répondit Vitalis, et leurs adorateurs leur ressemblent.

Le préfet ordonna d'amener Martialis, le dernier.

— Tiendras-tu donc l'affreux serment que l'on t'a fait prêter, demanda le préfet, désobéiras-tu, toi aussi, à l'empereur et te livreras-tu toi-même à la mort comme tes autres frères?

— Oh! répondit l'enfant, puissiez-vous comprendre les châtiments réservés aux adorateurs des faux dieux. Dieu retient encore sa colère et ne la laisse pas éclater contre vos sacrilèges, mais quiconque refusera d'adorer Jésus-Christ sera puni par des tourments éternels.

Publius fit emmener Martialis et ses notarii rédigèrent le procès-verbal afin de le transmettre à l'empereur.

Antonin, ordonna de séparer les uns des autres tous les

membres de cette famille et de les envoyer chacun devant un tribunal différent, afin qu'ils fussent punis s'ils refusaient encore de sacrifier aux dieux, puis il chargea cinq autres juges de cet interrogatoire.

Januarius, l'aîné, expira sous des coups de lanières plombées. Félix et Philippe furent soumis au même supplice et achevés à coups de bâton. Sylvanus fut précipité du haut d'une éminence et eut les membres fracassés. Alexandre, Vitalis et Martial eurent la tête tranchée!

Enfin et la dernière, Félicité fut décapitée.

Ainsi monta vers les cieux cette phalange glorieuse.

Leurs frères chrétiens recueillirent leurs reliques.[1]

Les corps de Félix et de Philippe furent déposés dans le cimetière de Priscilla; ceux de Martial, de Vitalis et d'Alexandre, *in cœmeterio Jordanorum;* celui de Sylvanus, dans le cimetière de Maxime; celui de Januarius, dans le cimetière de Pretextatus; quant au corps de Félicité il fut déposé sur la via Salaria.[2]

(1) Actes des Saints et des Martyrs.

(2) Ce tombeau devint bientôt un lieu de pèlerinage célèbre à Rome. Une église y fut construite au temps de Constantin et le panégyrique de sainte Félicité y fut prononcé par saint Grégoire le Grand.

II

« Là où est votre trésor, là est votre cœur, » avait dit
Jésus. Le trésor de l'Église, c'est la chaire de Pierre. C'est
en Pierre que bat le cœur de Jésus-Christ et comme le cœur
est, à la fois, le centre d'attraction et d'émission du sang dans
tout l'organisme, Pierre étant le centre de l'unité catholique,
le pivot de la communion chrétienne universelle, c'est vers
lui que doivent venir se retremper aux temps prescrits, ceux
qui sont établis par lui et au nom de Jésus-Christ, pasteurs
et évêques.

De tous les points du monde, prêtres et évêques se diri-
geaient vers Rome pour venir « ad limina apostolorum »
demander à Pierre ces lettres de créance catholique, sans
lesquelles ils ne pouvaient être admis à la communion dans
les églises qu'ils traversaient, et qu'ils devaient présenter
dans les assemblées fidèles de leur région même pour établir
nettement leur communion avec Pierre, représentant de
Jésus-Christ.

Une grande nouvelle se chuchottait dans les assemblées
des fidèles de Rome.

— Qu'est-ce ?

— L'ignorez-vous encore ? Le vénérable Polycarpe, le plus illustre des disciples de Jean, dans l'intimité duquel il a vécu, Polycarpe qui a connu les apôtres et Pierre lui-même, Polycarpe le patriarche de Smyrne et l'oracle de l'Asie, va arriver à Rome.

Et c'était, en effet, une grande nouvelle, non seulement par la joie qu'elle apportait, mais par l'admiration qu'elle suscitait en montrant ce vénérable vieillard chargé d'années, le plus illustre des membres de l'Église, l'ami des apôtres ses fondateurs, de Jean son prophète et de Pierre son chef, faire un long et périlleux voyage, pour venir se prosterner aux pieds d'un Syrien obscur, sans illustration, sans noblesse, sans passé, Anicet, parce qu'il est assis sur la chaire de Pierre et qu'il est Pierre comme Pierre lui-même.

De bonne heure, le cimetière du Vatican était rempli par la foule pressée des fidèles. On savait que le patriarche de l'Asie et le pontife romain étaient en conférence.

Il existait, en effet, un point à éclaircir entre les deux pontifes, et c'était là un des motifs du voyage du vieil évêque.

Les pontifes romains observaient et maintenaient dans leur Église l'usage de célébrer la Pâque, non à la manière des juifs, le quatorzième jour de la lune, mais le dimanche qui suivait immédiatement ce jour.

Pie, Hygin, Télesphore et Sixte, avaient toujours observé cette coutume, sans permettre à leurs prêtres de s'en écarter.

Les églises d'Asie avaient un usage différent.

Entre Polycarpe et Anicet ce point et quelques autres furent agités brièvement et dans les termes les plus affectueux.

Anicet ne put déterminer Polycarpe à délaisser la coutume qu'il tenait de Jean l'Évangéliste et des autres apôtres dont il avait été le fidèle disciple.

De son côté, Polycarpe ne réussit pas à faire adopter son

sentiment par le pontife romain. La question resta indécise.[1]

Mais Anicet ne voulut pas que son amour apostolique pour son frère Polycarpe pût, en aucune manière, être suspecté ni par l'illustre évêque ni par les fidèles.

Aussi, quand il parut dans le presbyterium accompagnant le vénérable patriarche, il le présenta à tous les fidèles :

— Mes frères, voici notre vénérable frère Polycarpe, patriarche de l'Asie, qui a connu et aimé Jean et Pierre, ainsi que plusieurs autres des disciples de notre divin Maître.

« Il est venu, avec d'autres évêques, au tombeau des Apôtres, se retremper dans la communion apostolique.

» C'est lui qui, aujourd'hui, devant nous, célèbrera les divins mystères, et c'est de sa main que nous recevrons tous le pain de vie et le calice de bénédiction. »

Mais, aussitôt, l'humilité de Polycarpe se défendit d'un tel honneur et il se refusa à célébrer en présence de son chef hiérarchique et suprême les augustes mystères.

Anicet ne voulut accepter aucune défaite et, pour affirmer la communion parfaite des deux églises, il *ordonna* à Polycarpe, au nom de son autorité apostolique, de célébrer sur le tombeau du vénérable Pierre.

Le séjour de Polycarpe à Rome coïncidait avec celui de Marcion, et l'autorité de l'illustre ami des apôtres, affirmant que l'Église seule possédait la véritable doctrine de l'Évangile, ramena beaucoup d'âmes égarées par l'erreur.

Marcion ne l'ignorait pas et en était irrité.

Comme Polycarpe sortait du cimetière, l'hérésiarque le vit et, s'approchant de lui, d'un ton courroucé, il lui dit :

— Me reconnais-tu, Polycarpe?

— Oui, lui répondit l'illustre patriarche, je te reconnais pour le premier-né de Satan!

Et il passa, laissant Marcion confondu.

(1) S. Irénée cité par Eusèbe, *Hist. eccles.*, l. v, ch. xxiv.

Avant de quitter la ville éternelle, de concert avec Anicet, il envoya des missionnaires dans les Gaules.

Pothin, Irénée, Bénigne, Andoche, Thyrse et Andeol vinrent à Lugdunum, à Alba-Augusta, à Divio et dans la cité des Lingons,[1] et ce fut au grand évêque de Smyrne que l'antique Helvie,[2] la province Lyonnaise, le pays des Lingons et des Eduens, dûrent cette glorieuse colonie d'apôtres grecs qui vint y apporter le flambeau de l'Evangile.

Déjà des communautés chrétiennes y étaient constituées par saint Crescent de Vienne et saint Trophime d'Arles.

Tous passèrent par Rome avant de se diriger vers les pays de leurs célestes conquêtes.

Là ils reçurent le baiser de paix, les vœux de leurs frères et les lettres de communion qui devaient les faire accueillir par toutes les églises comme des apôtres de foi et de bénédiction.

(1) Lyon, Viviers, Dijon, Langres.
(2) Le Vivarais.

III

Cependant, l'empire allait subir une perte dont l'Eglise allait ressentir le contre-coup. Antonin avait soixante-seize ans et le peuple qui l'aimait se plaisait à le croire immortel. Rome n'était-elle pas en joie?

La paix régnait et l'on eut cru qu'ennemis du dehors et du dedans s'entendaient pour ne pas la troubler.

Le II des calendes de mai, sous le consulat de Largus et Messalinus, Rome avait célébré le neuf centième anniversaire de sa fondation, et cette solennité avait surpassé les splendeurs de la fête d'Auguste après la victoire d'Actium.

Le monde était en joie, les monnaies des villes, les inscriptions des provinces rendaient gloire à Antonin, le conquérant pacifique, le bienfaiteur des peuples, plutôt père qu'empereur.

De longs jours lui étaient souhaités de toutes parts.

Un peu de fromage des Alpes qu'il mangea à contretemps le mit dans son lit.

Au bout de trois jours il se sentit en danger.

Il fit, alors, appeler Marc-Aurèle, son gendre et son fils adoptif et, en présence de ses deux préfets du prétoire, il lui recommanda sa fille et l'empire.

Bientôt, il ne lui resta plus de l'empire qu'un vague songe pailleté de lueurs fébriles et fugaces.

Comme il allait expirer, un tribun vint lui demander encore le mot d'ordre.

L'empereur le regarda tranquillement et, d'une voix calme et basse répondit :

— Æquanimitas.[1]

Puis il se retourna et mourut.

Il était dans sa modeste villa de Lorium, en Étrurie, où ses aïeux avaient vécu et où lui-même s'était souvent délassé des soucis de l'empire.[2]

Une explosion de deuil et de larmes avait accueilli la nouvelle dans tout l'empire.

On ne sut comment rendre dignement hommage à ce grand homme; son apothéose fut votée par acclamation au sénat, on lui érigea une colonne[3] et Rome tout entière accompagna sa dépouille au mausolée d'Hadrien.

Bien plus, on voulut que, de même que le nom d'Auguste et de César, le nom d'Antonin devint une désignation officielle de l'illustration impériale.

Ne trouvant plus d'hommages à rendre au plus pieux des empereurs païens, la multitude hurla sa haine contre les chrétiens en appelant à grands cris la vengeance sur ces impies, ces athées, dont la vie sacrilège et criminelle provoquait le courroux des dieux et la mort des hommes de bien!

La première victime de leur fureur fut Anicet, qui reçut la palme du martyre le XII des calendes de mai.[4]

Les restes du pontife furent ensevelis près du corps du bienheureux Pierre au cimetière du Vatican, comme tous ses prédécesseurs l'avaient été jusque-là, sauf le pape Alexandre.

Mais deux trônes vides étaient en présence à Rome, l'un

(1) Egalité d'âme.　　　　(2) Comte de Champagny, *Les Antonins*.
(3) La colonne Antonine.　　　　(4) 17 avril 161.

parmi les royales magnificences du palais des Césars, l'autre dans le silence solennel des catacombes chrétiennes ; l'un sous les mortels auspices de Jupiter Capitolin, l'autre sous la splendeur sanglante mais vivificatrice et divine de la Croix.

Pendant que le peuple romain acclamait Marcus Aurélius et couronnait les statues de ce philosophe impérial, un nouveau Pierre succédait à l'ancien, anneau précieux qui continuait la chaîne des pontifes suprêmes et proclamait la vitalité sans défaite de l'inébranlable dynastie du Christ.

Un campanien, nommé Soter, natif de Fondi, prenait « l'anneau du pêcheur. »

Voué au martyre comme ses prédécesseurs, il devait, dans un règne de neuf ans, assister à la recrudescence de la persécution et combattre de tristes hérésies[1] contre lesquelles sa plume éloquente écrirait des lettres précieuses.

D'une abnégation sans égale, Soter devait porter au plus haut point l'esprit du sacrifice.

Le sang de l'Église va couler à flots, la proscription va déchaîner ses horribles fureurs ; Soter ne s'en préoccupera pas.

Nautonnier sublime, debout comme un archange sur la barque de Pierre que battent des flots sanglants, il sait que la barque apostolique ne peut pas sombrer malgré les rages de la tempête et, les yeux fixés sur l'étoile, tandis que son bras ferme tient le gouvernail, les seules paroles de la Foi retentissent sur ses lèvres, cri de ralliement sans cesse jeté dans la nuit au nom de l'orthodoxie sainte dont Pierre a le dépôt intégral.

---

(1) Celle des *Archontiques*, qui professaient d'étranges doctrines sur la création du monde par des puissances rivales et rejetaient les sacrements.

Celle des *Adamites*, disciples d'un imposteur, nommé Prodicus, qui patronnait d'absurdes folies.

Celle des *Caïnites*, qui rendaient un culte aux esprits du mal et de la haine.

Celle des *Antitactes*, qui accusaient Dieu d'être le principe du mal.

Celle des *Ophites*, qui adoraient le serpent.

— Levez-vous, Frères bien-aimés, s'écrie-t-il, et combattez avec les armes de l'Esprit-Saint, les ennemis de notre Foi. C'est de vous que parlait Jérémie le prophète, lorsqu'il disait : « Je vous ai constitués pour juger mon peuple, vous étudierez sa voie et vous éprouverez son esprit.[1] »

» Veillez donc plus que jamais en ces heures de ténèbres qui cherchent à vous envelopper dans la malice, par l'enseignement des docteurs de mensonge dissimulés sous les dehors d'une hypocrite piété.

» Ils sont venus et les voilà ces hommes dont Paul notre père a parlé en disant : « Ces pseudo-prophètes, ouvriers d'imposture, se transfigurent en ministres du Christ. Et quoi d'étonnant lorsque Satan lui-même se transfigure en ange de lumière? Veillez donc, Frères, et demandez l'esprit de discernement à Celui dont le prophète Daniel a dit qu'il donne la sagesse aux prudents et l'intelligence aux humbles! »

L'empire romain était, alors, à l'apogée de sa splendeur, et la plus haute philosophie était assise sur le trône des Césars.

De quelle stupeur n'eût-on pas rempli un romain si, lui découvrant l'avenir, on lui eut fait voir la barque de Pierre amarrée pour toujours au dernier fût de colonne du palais des Césars, et la croix rayonnante d'une splendeur éternelle sur les débris éteints de toute cette gloire sanglante et éphémère.

Le sage Marcus Aurélius devait commettre une faute énorme en associant à l'empire un autre fils d'Antonin, Lucius Ceïonius Antoninus Commodus, un vil débauché qui avait en lui l'étoffe d'un Néron.

Le contraste entre ce monstre et le sévère philosophe passa d'abord inaperçu dans les fêtes et les largesses, et vingt mille sesterces par tête distribués au camp des prétoriens disposèrent favorablement les miliciens et le peuple.

Mais bientôt on s'aperçut de l'erreur.

---

(1) Jérémie, VI, 27.

A ses festins qui coûtaient jusqu'à six millions de sesterces,[1] Vérus[2] prenait plaisir à voir s'égorger des gladiateurs.

Rapporté ivre sur son lit, il ordonnait des prodigalités qui rappelaient les folies de Caligula.

Il se faisait amener son cheval, Volucris, habillé de pourpre, et lui faisait servir des amandes et des raisins secs dans un râtelier d'or.

Il donnait à chaque convive la coupe d'or où il avait bu, l'esclave qui l'avait servi, les vases précieux de son service.

D'une seule voix, tout l'empire demanda aux dieux de délivrer le monde d'un tyran et de conserver à son amour le digne héritier d'Antonin le pieux. En même temps de grands malheurs fondirent sur le peuple. Le Tibre débordé ravagea la campagne romaine et dévasta même la ville. Après l'inondation sévit la famine. Puis, la guerre éclata sur toutes les frontières. Et l'éternelle accusation s'éleva du sein des multitudes affolées par les désastres.

Les temples étaient assiégés et les oracles, les astrologues, les devins, les mages, étaient entourés d'une foule pleine de sentiments de vengeance et de haine.

—Ce sont les chrétiens, criait-elle, ces impies, ces athées, qui irritent les dieux et déchaînent leur colère. A mort!

Un jongleur de foire, suscité par la fourberie des prêtres païens, ameutait les passions populaires en annonçant la fin du monde et en appuyant ses prédictions sur les plus abjectes jongleries.

— Pour vous prouver ma mission, dit-il un jour, je vais me jeter du haut d'un arbre au Champ de Mars et, en tombant, je serai changé en cigogne.

On se saisit de lui et on le trouva porteur d'une cigogne sous son manteau. Mais, bientôt relaché, il continua ses

(1) Quinze cent mille francs de notre monnaie.
(2) Commode était plus connu sous le nom de Vérus.

agitations, invitant tout le monde à assister à de prétendus mystères, desquels il faisait proclamer exclus « les athées chrétiens venus pour surprendre le secret des saintes orgies et profaner l'initiation des vrais adorateurs des dieux. »

Alors la multitude criait :

— Mort aux athées ! Mort aux chrétiens !

Il se faisait ensuite interroger comme un oracle et rendait des sentences comme celle-ci :

— La Province du Pont est pleine d'athées et de chrétiens qui blasphèment contre moi. Si vous voulez mériter ma faveur, armez-vous de pierres et écrasez les impies !

Tel était le mot d'ordre qui circulait d'un temple à l'autre et que se renvoyaient du fond des sanctuaires de l'Égypte, de l'Asie, de la Grèce et de Rome, les prêtres et les astrologues.

Les philosophes joignirent leur voix à ce concert de mort. Crescens, le cynique, soulevait à Rome la jeunesse oisive et lettrée contre les chrétiens que le jongleur Alexandre poursuivait près de la vile populace.

Un jour, la consternation se répandit parmi le peuple chrétien de Rome.

Marcus Aurélius avait eu la faiblesse d'écouter toutes ces haines issues du fanatisme païen, de la cupidité sacerdotale, de la crédulité vulgaire et du pédantisme orgueilleux des sophistes, et le décret impérial ouvrant la quatrième persécution générale s'étalait aux rostres du Forum.

Et, cependant, Marc-Aurèle, lui-même, n'avait-il pas bénéficié des bienfaits de la charité apostolique et éprouvé la grandeur et la puissance du Dieu des chrétiens ?

Les actes de l'évêque Abercius vont nous le montrer.

IV

Dans tout l'empire, le décret impérial avait provoqué un regain inaccoutumé dans les solennités des idoles.

Publius Dolabella qui gouvernait la petite Phrygie, se mit en devoir de faire exécuter l'édit dans sa province, la curie et le peuple d'Hiérapolis inaugurèrent les sacrifices.

Abercius était évêque de cette cité.

Il prit un long épieu et courut au temple d'Apollon.

Arrivé là, il enfonce les portes et brise tout ce qu'il peut briser des Apollon, des Hercule, des Diane et des Vénus.

On était à la neuvième heure de la nuit. Au bruit, les prêtres et les gardiens s'éveillent et accourent avec des torches.

Ils reconnaissent Abercius qui leur dit :

— Allez dire aux magistrats et au peuple que leurs dieux, ivres des viandes et du vin des sacrifices d'hier se sont battus, et taillés en pièces. Ramassez-en les morceaux si cela vous plait; en les mettant dans un four on pourra peut-être en tirer de la chaux d'assez bonne qualité.

Ayant ainsi parlé, l'évêque regagna sain et sauf sa demeure. Mais, bientôt, aux cris des prêtres, le peuple et la curie s'assemblent et l'aurore n'avait pas encore paru que la mort d'Abercius était réclamée par la foule.

— Brûlons sa maison! criaient les uns.

— Pas d'incendie! criaient les autres, le gouverneur nous traduirait devant son tribunal. Qu'on saisisse Abercius et qu'il meure dans les supplices!

Ce dernier parti fut adopté et comme l'aurore se levait, le peuple se dirigea vers la maison de l'évêque.

Abercius entouré de ses disciples enseignait tranquillement comme si sa vie n'eut pas été en danger.

Cependant, quelques chrétiens viennent l'avertir et le supplient de se dérober à la fureur populaire, par la fuite.

— Non, répondit-il, je tiens des Apôtres qu'un chrétien doit savoir mourir pour son Dieu. Il est vrai que Notre-Seigneur Jésus-Christ nous a prescrit de fuir ceux qui nous persécutent, mais je m'efforcerai de concilier les deux devoirs.

Ayant ainsi parlé, il sortit, suivi de ses disciples et vint s'asseoir au milieu du Forum sur les bancs du Xyste.

Et il reprit sa prédication interrompue tout à l'heure.

Bientôt, une foule hurlante l'entoura.

— Quoi! s'écriait-on, il ne lui suffit pas de tenir dans sa maison des discours impies! Il ose les débiter jusqu'au milieu du Forum! A mort le chrétien!...

A ce moment, un spectacle effrayant arrêta la colère de la foule. Trois démoniaques connus de toute la ville s'élancent les vêtements en lambeaux, se déchirant la chair, et s'adressant au saint évêque :

— Au nom du Dieu véritable, lui dirent-ils, nous t'en conjurons, cesse de nous tourmenter avant le temps.

Tous les yeux étaient fixés sur Abercius dont le visage serein et majestueux imposait le respect.

Alors, priant à haute voix, il dit :

— Dieu Tout-Puissant, Père de Jésus-Christ Notre-Seigneur, vous dont la miséricorde dépasse infiniment la malice des hommes, je vous en supplie, délivrez ces trois jeunes gens infortunés, des chaînes de Satan, afin que tout ce peuple vous reconnaisse pour le Dieu unique et véritable.

Et, s'approchant des jeunes gens, il toucha leur tête avec son bâton pastoral en disant :

— Au nom du Christ mon Seigneur et mon Dieu, cruels démons, je vous l'ordonne, sortez du corps de ces jeunes gens et ne les tourmentez plus à l'avenir.

Aussitôt, les trois jeunes gens tombèrent comme foudroyés au pied de l'évêque.

— Ils sont morts! disait la foule frappée de stupeur.

Mais Abercius leur tendit la main et ils se levèrent, et, s'approchant de l'évêque, ne voulurent plus se séparer de lui.

En voyant ce prodige, la foule s'écria tout d'une voix :

— Le Dieu d'Abercius est le seul vrai Dieu!

Et, aussitôt, tous demandèrent le baptême en disant :

— Ne sommes-nous pas trop chargés de crimes? Croyez-vous que votre Dieu daigne nous faire grâce?

— Frères, leur répondit Abercius, le Dieu que vous confessez aujourd'hui est le même qui disait jadis en Judée : « Venez à moi, vous tous qui succombez sous le fardeau du travail et je vous soulagerai. »

Jusqu'à la neuvième heure du jour, l'évêque continua à leur parler et à les instruire. Puis il étendit sur eux ses mains, les bénit et voulut s'en aller dans sa demeure.

Mais tous lui demandèrent le baptême.

— Demain, leur dit-il, car l'heure est trop avancée.

La foule, alors, le suivit, refusa de se retirer et voulut attendre devant la pauvre demeure la grâce de la régénération.

Touché de leur foi, le saint évêque en sortit à minuit et conféra le baptême à cinq cents d'entre eux.[1]

Bientôt, toute l'Asie connut le prodige d'Hiérapolis et les

(1) Bollandistes, *Act. S. Aberc.*

peuples accouraient entendre la parole du thaumaturge. Il les réunissait dans une grande plaine et, debout sur une éminence, les instruisait dans la foi, entouré et servi par les prêtres et les diacres de son église.

Un jour, une matrone illustre, Phrygella, mère d'Euxianus Poplio, gouverneur de la ville, se fit amener devant le saint évêque et, se jetant à ses pieds :

— Homme de Dieu, lui dit-elle, aie pitié de moi; rends-moi la vue, je suis aveugle !

— Femme, répondit Abercius, je ne suis qu'un pécheur qui ai, comme vous, besoin de la miséricorde divine. Si, vous croyez au Dieu que j'adore, il est assez puissant pour vous guérir, lui qui rendit jadis la vue à l'aveugle-né.

— Je crois au Christ, Dieu véritable, dit Phrygella. Ne refusez pas de me toucher les yeux et je recouvrerai la vue.

Elevant, alors, ses regards vers le ciel, Abercius s'écria :

— Jésus, mon Seigneur, Lumière du monde, venez et ouvrez les yeux de cette femme !

Puis, se tournant vers l'infirme il lui toucha les yeux :

— Phrygella, dit-il, si vous croyez, voyez !

Aussitôt, elle vit et s'écria :

— Père ! je prends cette foule à témoin, je vous donne la moitié de mes biens pour distribuer aux pauvres.

— Le Dieu des chrétiens est grand ! criait le peuple.

Le gouverneur vint remercier Abercius, parla avec lui, admira sa sagesse, mais ne se convertit pas, tant il est difficile de renoncer à la vanité, même quand la vérité est démontrée.[1]

En ce temps-là, l'empereur Marc-Aurèle avait fait venir à Ephèse, Lucius Vérus, afin de lui donner sa fille Lucilla en mariage et le fameux temple de Diane devait voir se dérouler les fêtes superbes de cette impériale alliance.

Soudain, Lucilla âgée de seize ans, tomba en proie à des

____

(1) Bollandistes, *Act. S. Aberc.*, ch. II.

accès de fureur démoniaque, se roulant par terre, se déchirant avec ses ongles et se rongeant les mains.

Tous les devins, tous les aruspices, tous les oracles furent consultés sans fruit.

La jeune possédée répétait sans cesse ces uniques paroles :

— Je ne sortirai d'ici que sur l'ordre d'Abercius l'évêque d'Hiérapolis !

Revenue à elle, il lui était impossible de dire ce qu'était Abercius ni Hiérapolis. Elle ne connaissait ni l'un ni l'autre.

Marc-Aurèle s'informa, fut instruit des miracles opérés par Abercius et une lueur d'espérance entra dans son âme.

Il envoya deux officiers du palais chercher Abercius à Hiérapolis afin de l'amener honorablement à Rome.

Un songe avait averti Abercius, aussi ne fut-il pas surpris du message impérial.

Les deux officiers de l'empire s'étaient embarqués à Brundusium,[1] sur un navire fourni par le préfet Cornélianus.

Ils franchirent la mer Ionienne, et, le septième jour, abordèrent sur la côte du Péloponnèse.

Alors, par les routes de terre et les relais impériaux, ils arrivèrent, le quinzième jour, à Byzance, d'où, sans s'arrêter, ils se dirigèrent par Nicomédie, vers Synnada, capitale de la petite Phrygie. Grâce aux guides que leur fournit le gouverneur Spinthérus, ils arrivèrent bientôt à Hiérapolis. On était à la neuvième heure du jour,[2] Abercius rentrait dans sa maison après avoir enseigné les foules selon son habitude quotidienne. Les deux officiers l'ayant rencontré :

— Respectable vieillard, pourrais-tu nous indiquer la demeure de Poplio ?

— Volontiers, répondit le saint évêque, et je m'offre à vous y conduire.

Il les y mena, en effet, et, à peine le gouverneur eut-il lu

(1) Brindes.   (2) Trois heures après-midi.

On se saisit de lui et on le trouva porteur d'une cigogne
sous son manteau. (P. 74.)

la missive impériale qu'il la remit à l'apôtre en le suppliant
de se rendre au désir de César.

— Je m'y rendrai, répondit Abercius, d'autant plus volontiers que le Seigneur me l'a déjà ordonné.

Quarante jours après, l'évêque arrivait à Rome où les
officiers le présentèrent au préfet du palais, Cornélianus.

Marc-Aurèle était en expédition, mais Abercius fut conduit aussitôt devant l'impératrice Faustine qui, à la vue de
sa vénérable prestance, se sentit profondément émue.

— Je sais, lui dit-elle, que vous servez un Dieu très bon
et très puissant, et les officiers qui vous ont amené m'ont
confirmé tout ce que j'ai entendu dire de merveilleux à votre
sujet. Employez, je vous prie, votre pouvoir en notre faveur,
rendez la santé et la vie à notre malheureuse fille. Nous
saurons vous récompenser en vous comblant de biens.

C'est ainsi que nécessité fait loi et qu'elle implorait sur
un ton respectueux le secours du Dieu que les Césars per-
sécutaient sans merci dans la personne de ses adorateurs.

— Je vous remercie, répondit Abercius, de vos favorables
intentions, mais les honneurs du monde ne nous touchent
pas, et la puissance que Dieu nous donne gratuitement pour
faire le bien, nous en usons gratuitement. Où est votre fille?

Faustine se précipite dans l'appartement de Lucilla et
veut l'amener. Mais le démon qui la possédait résiste.

La jeune fille se tordait en hurlant :

— Abercius! Abercius! te voilà donc! J'avais bien dit que
je te ferais venir à Rome!

— Il est vrai, démon cruel, répondit le vénérable évêque,
mais tu n'auras pas lieu de t'en réjouir.

Il ordonne, alors, de transporter Lucilla dans la cour du
palais. Autour de cette scène, se rangent des officiers et des
gardes avides de voir ce qui va se passer.

Cependant, l'esprit impur continuait à tourmenter l'infortunée jeune fille qui vomissait mille injures contre le saint

serviteur du Christ. Pendant ce temps-là, Abercius, les yeux
levés vers le ciel adressait à Dieu une fervente prière.

Ensuite, il fixa sur la possédée un regard plein d'une
sainte autorité et dit :

— Esprit du mal, quitte cette jeune fille au nom de Jésus-
Christ mon Seigneur qui te l'ordonne !

A ces paroles, l'esprit impur sortit et la jeune fille tomba
comme morte aux pieds du thaumaturge.

Faustine s'écria :

— Qu'avez-vous fait ! Le démon s'en est allé, c'est vrai,
mais il a tué ma fille !...

Abercius ne répondit pas, mais il tendit la main à Lucilla
qui la prit, paraissant s'éveiller d'un lourd sommeil.

Elle se leva, alors, et l'évêque la rendit à sa mère en disant :

— Votre fille n'est point morte, mais elle est délivrée.

Fondant en larmes, alors, Faustine se précipita dans les
bras de sa fille, et la tint longtemps serrée sur son cœur
maternel en la couvrant de caresses comme si elle eut voulu
fondre son cœur avec le sien pour être plus sûre que Lucilla
était bien, désormais, rendue à sa tendresse.

Ivre de joie, elle ne savait plus ce qu'elle faisait.

Enfin, quand elle fut un peu remise de son émoi, certaine,
désormais, du salut de sa fille, l'impératrice supplia le saint
évêque d'accepter un témoignage de sa reconnaissance.

Mais Abercius lui dit en souriant :

— Que pourriez-vous donner à qui n'a besoin de rien ?
Un peu de pain et quelques gouttes d'eau me suffisent.

Cependant elle insista tant que l'évêque se vit obligé de
formuler une demande.

— Eh bien, dit-il, accordez aux pauvres d'Hiérapolis une
gratification de blé, et faites bâtir pour les malades, à Agra
en Phrygie, sur les eaux thermales, un établissement.

L'impératrice appela alors le préfet du palais, Cornélianus,
et lui ordonna d'inscrire la ville d'Hiérapolis pour une distri-

bution annuelle de trois mille mesures de froment et de faire construire les thermes demandés.[1]

Abercius resta quelque temps à Rome, édifiant les assemblées chrétiennes par ses prédications et ses vertus.

Faustine le retenait, craignant qu'après son départ, sa fille ne fût, de nouveau, reprise par le démon.

Mais, une vision avertit l'évêque de retourner en son diocèse de Syrie où son troupeau avait besoin de lui.

Il se présenta donc devant Faustine, calma ses craintes et la pria de lui laisser regagner sa patrie.

Faustine ayant appris son intention de visiter les provinces de Syrie, mit à son service un vaisseau qui le débarqua à Séleucie d'où il se rendit à Antioche.

Puis, il visita Apamée et les villes voisines, apaisant les dissensions des églises et combattant l'hérésie marcionite.

Il franchit l'Euphrate, parcourut la Mésopotamie, visita Nisibe et le pays environnant cette ville, prêchant partout la vraie doctrine.

Dans leur reconnaissance, les chrétiens voulurent lui offrir une somme importante.

Abercius refusa en disant :

— L'épouse de César, m'a ouvert les trésors de l'empire je n'ai rien accepté, permettez que j'en use de même avec vous.

Ce refus attrista tout le monde. Mais un chrétien de noble extraction, nommé Barcksan, prit la parole et dit :

— Mes frères, ne faisons pas, en dehors de toute convenance, violence à cet homme de Dieu. Notre argent est indigne de lui. Cependant, il ne peut nous empêcher de rendre à sa

---

(1) Bollandistes, *Act. S. Aberc.*, ch. III, t. IX. Les Actes ajoutent que cette largesse impériale fut fidèlement maintenue jusqu'au règne de Julien qui la fit supprimer. Les bains furent construits et le lieu prit au lieu du nom d'*Agra Potanici* qu'il avait, celui d'*Agra Thermorum*.

vertu l'hommage qui lui est dû. Proclamons-le donc bien haut : Abercius est l'égal des apôtres.[1]

— *Isapostolos!* cria, alors, l'assemblée, dans un tonnerre d'applaudissements. *Aberkios Isapostolos!*

En les quittant, Abercius parcourut la Cilicie, la Lycaonie et la Pisidie, se reposa quelques jours à Syrmada, capitale de la petite Phrygie, puis retourna dans sa ville épiscopale. Un peuple immense accourut à sa rencontre et il le bénit en pleurant de joie.

Enfin, après avoir accompli encore, parmi les siens, de nombreux travaux, le saint évêque désigna sa sépulture, choisit son successeur, de même nom que lui, et rendit son âme au Christ, dans une dernière et calme oraison.[2]

C'est ainsi que, pendant que l'empereur Philosophe, en compagnie d'un collègue débauché, persécutait l'Eglise de Jésus-Christ, Jésus-Christ lui-même, par le ministère d'un de ses disciples, mettait en pratique le précepte sublime qu'il avait naguère donné aux siens : « Aimez ceux qui vous haïssent, faites du bien à ceux qui vous persécutent. »

---

(1) Ἀβέρκιος ἰσαπόστολος, disent les actes du saint (Bollandistes). « Nous ne connaissons, en effet, disent les mêmes actes, depuis le temps des premiers disciples du Sauveur, personne dont les travaux, les voyages et les services rendus à l'Eglise, aient mieux justifié ce titre. »

(2) Actes, *ibid.*

V

LA TEMPÊTE.

— A mort les magiciens! aux bêtes les impies, les athées! aux lions les chrétiens!

Et ce cri retentissait plus violemment que jamais.

Dans toute l'etendue de l'empire, avec une rage qu'une paix momentanée semblait avoir accrue, on égorgeait les chrétiens comme aux jours des plus atroces persécutions.

L'Asie, où se trouvait actuellement Lucius Vérus, collègue à l'empire de Marcus Aurélius, était fumante du sang versé à flots sur son sol.

Carpus, évêque de Thyatire, la diacre Papylius avec sa sœur Agathonice et une jeune servante, expiraient dans les tourments à Pergame.[1]

Caïus et Alexander confessaient le Christ dans les plus cruels supplices à Apamée, capitale de la grande Phrygie.

Smyrne était ensanglantée sous les yeux de Polycarpe, son illustre pasteur; là, la persécution avait pris des proportions si cruelles et si abominables qu'on ne peut en lire les récits sans être touché jusqu'aux larmes.

—————

(1) Actes des Saints.

Pas une plainte ne s'échappait des lèvres des victimes, soit qu'on les livrât aux fauves dans l'amphithéâtre, qu'on les traînât sur des tessons ou des coquillages brisés et aux pointes cruellement aiguës, ou qu'on leur appliquât les tortures les plus atroces, fruit de la plus infernale imagination.

Polycarpe attendait son heure avec calme et, jusqu'ici, il avait été laissé à son ministère par les tyrans.

Cependant, le peuple devait réclamer cette illustre proie. Un jeune héros chrétien, nommé Germanicus, entrait dans l'arène pour être livré aux bêtes, lorsque le proconsul lui cria du haut de sa loge :

— Arrête, insensé ! aie pitié de ta jeunesse dont la fleur s'épanouit sur ta noble figure. Il en est encore temps, sacrifie !

Mais le jeune chrétien, sans répondre, prit, au contraire, sa course vers un tigre, le saisit par la crinière et, excitant lui-même sa fureur, obligea le fauve à le dévorer.

La foule applaudit à cette attitude héroïque ; toute vile qu'elle pût être, comme le sont toutes les foules, méprisables girouettes aux vents déchaînés de toutes les passions, elle sentit que ce spectacle était d'une grandeur surhumaine.

Mais il ne fit que redoubler sa fureur assoiffée de sang et, de tous les rangs du cirque, un cri sauvage s'éleva :

— Mort aux athées !… Polycarpe ! Polycarpe !

Mais Polycarpe n'était plus à Smyrne.

Cédant aux instances des fidèles, il avait consenti, à se retirer dans la campagne.

Toutefois, il savait l'inutilité de sa complaisance et il avait dit à ses amis, après une vision :

— Mes amis, je serai brûlé vif.

Cependant, on s'était mis à sa poursuite et il venait de changer de maison lorsque les soldats envahirent la villa qu'il venait de quitter.

Furieux, ils se saisirent de deux serviteurs qu'ils torturèrent pour leur arracher leur secret que l'un d'eux trahit, vaincu par la souffrance. Polycarpe était perdu... On était au vendredi saint de l'an 166.

Les soldats arrivèrent bientôt à la maison indiquée; Polycarpe occupé dans une salle haute à faire une frugale collation refusa de s'enfuir.

— Que la volonté de Dieu soit faite! dit-il avec calme.

Et il descendit se présenter de lui-même aux soldats qui, à la vue de ce vénérable vieillard à cheveux blancs, se trouvèrent honteux du métier qu'ils faisaient et se dirent :

— Fallait-il donc tant d'efforts pour arrêter cet homme vénérable?

— Mes amis, leur dit le vieux patriarche, accordez-moi une heure pour prier et, pendant ce temps-là, souffrez que l'on vous serve à manger.

Ils y consentirent.

Alors, debout, les bras étendus en forme de croix,[1] Polycarpe se mit à prier à haute voix, et il les émut tellement qu'ils n'osèrent l'interrompre de deux heures.

Enfin, il fallut partir. On fit monter Polycarpe sur un âne et l'on prit le chemin de Smyrne.

L'aurore du samedi saint blanchissait le ciel.

Comme la petite troupe approchait de la ville, on rencontra un char somptueux : L'*irénarque*[2] Hérode y était assis à côté de son père Nicetás.

Sur leur invitation, Polycarpe prit place à leurs côtés. Ils se proposaient de l'amener à sacrifier aux dieux!

— Y a-t-il donc, lui dirent-ils, un si grand mal à jurer par la divinité de César et à lui offrir des sacrifices? Or, il ne faut que cette simple complaisance pour sauver ta vie.

---

(1) C'était l'attitude liturgique. Les premiers chrétiens ne priaient pas autrement, pour l'ordinaire, comme en témoignent les peintures des catacombes dont les nombreuses figures dans cette attitude sont appelées *Orantes*.

(2) Officier de police.

Cependant, Polycarpe gardait un profond silence; il ne le rompit que fatigué par leurs instances et pour leur dire avec un ton d'assurance aussi calme qu'héroïque :

— Jamais je ne ferai ce que vous me demandez de faire!

Brusquement, les deux hommes irrités précipitèrent l'évêque du haut du char, sur la route où il se blessa à la jambe dans sa chute.

Mais, aussitôt, il se releva, et continua de marcher à pied, le visage plein d'allégresse et sans paraître souffrir de sa blessure, ce qui étonnait les soldats.

Cependant, la nouvelle de son arrestation s'était répandue dans la ville, et le peuple avait tumultueusement envahi les gradins de l'amphithéâtre trop petit pour la contenir toute.

Quand Polycarpe y entra, les cris les plus tumultueux se firent entendre, exprimant l'exaspération et la haine.

Seul, Polycarpe, les yeux levés au ciel, entendait une voix angélique qui disait :

— Courage, serviteur fidèle du Christ!

Le vieillard était maintenant devant la loge du proconsul arrivé pour l'interroger devant le peuple assemblé.

— Es-tu Polycarpe? lui demanda-t-il.

— Oui, répondit le saint évêque.

— Alors, aie pitié de tes cheveux blancs, dit le proconsul qui se répandit en un discours prolixe plein de menaces et de promesses, auquel Polycarpe demeura tout à fait insensible.

— Jure par la *fortune de César!* dit, en terminant, le proconsul et crie avec nous tous : *Périssent les athées!*[1]

Polycarpe, alors, regardant autour de lui avec des yeux empreints d'une sainte indignation, étendit les bras vers ces impies idolâtres, puis, levant les yeux au ciel, il s'écria en soupirant :

— Oui, périssent les athées!

(1) Αἶρε τοὺς ἀθέους, mot à mot : enlève les athées!

— Cela ne suffit pas, dit le proconsul, prononce le serment, et je te mets en liberté. Maudis le Christ!

— Il y a quatre-vingt-six ans que je le sers, répondit Polycarpe, et il m'a comblé de biens, comment donc pourrais-je maudire mon Sauveur et mon Roi?

— Au moins, jure par la *Fortune de César!*[1]

— Ignorez-vous donc qui je suis? dit Polycarpe; je suis chrétien; si vous voulez savoir à quoi ce titre m'oblige, choisissez un jour et je vous exposerai notre doctrine.

— Tu peux parler, dit le proconsul, commence donc et essaie de convertir tout ce peuple à ton enseignement.

— C'est avec vous, dit Polycarpe que je veux en conférer. Notre foi nous oblige à rendre honneur aux autorités que Dieu a établies. Cette foule est indigne et je ne lui reconnais aucunement le droit de me juger.

— Réfléchis, dit le proconsul, souviens-toi que, d'un signe, je puis faire lâcher sur toi les bêtes.

— Faites, dit Polycarpe, c'est par les souffrances que je monterai vers la gloire.

— Si tu ne crains pas les bêtes, je te ferai brûler vif.

— Que sont les flammes dont vous me menacez; elles brûlent quelques instants, mais la justice divine réserve aux impies un feu inextinguible. Ne tardez pas davantage. Ordonnez contre moi le supplice que vous aurez choisi.

En parlant ainsi, Polycarpe rayonnait, mais le proconsul, au contraire, paraissait en proie à une sombre crainte.

Par son ordre, le héraut à trois reprises, cria :

— Polycarpe a confessé qu'il était chrétien!

Aussitôt, une tempête de cris et de vociférations éclata :

— A mort le docteur d'athéisme! le destructeur de nos

____

(1) La Fortune de César était une petite divinité en or qui était comme le palladium impérial et restait au palais, comme les dieux lares gardaient la maison des citoyens.

dieux ! C'est lui qui fait déserter les temples et les sacrifices ! A mort !,

Et la foule, interpellant l'édile des jeux ou *asiarque*, le sommait de faire lâcher aussitôt un lion contre Polycarpe.

Mais, celui-ci s'y refusa, arguant que le temps légal consacré aux combats de fauves, était expiré.

Alors, le peuple cria :

— Polycarpe au bûcher ! qu'il soit brûlé vif !...

En un clein d'œil, un immense bûcher fut construit au milieu de l'arène, avec des bois que la foule avait couru chercher dans toutes les maisons du quartier.

Le saint évêque se dévêtit lui-même, et, comme on voulait enchaîner ses mains pour le maintenir au poteau :

— Laissez-moi, dit-il, le Dieu qui me donne la force d'affronter le supplice du feu me donnera le courage de rester immobile au milieu du bûcher.

Les bourreaux se contentèrent de le lier au poteau. Le vieux patriarche leva, alors, les yeux au ciel et fit cette prière :

— Seigneur, Dieu tout-puissant, Père de Jésus-Christ Notre-Seigneur, votre Fils adorable qui nous a appris à vous connaître, Dieu des Anges et des Vertus, Souverain de l'univers, Père de l'assemblée des justes perpétuellement vivants sous votre regard, je vous bénis d'avoir daigné m'appeler, en ce jour et à cette heure, à partager la couronne de vos martyrs et le calice de votre Christ, pour ressusciter à la vie éternelle, dans l'incorruptibilité de l'Esprit-Saint.

« Recevez-moi aujourd'hui, en votre présence, dans l'assemblée des bienheureux, comme une victime depuis longtemps préparée au sacrifice que vous avez daigné lui prédire, vous, le Dieu de vérité.

» Gloire à vous ! Honneur et louange en Jésus-Christ votre Fils bien-aimé et en union avec votre Esprit-Saint, dans les siècles des siècles. *Amen !* »

Comme il achevait cette prière, les bourreaux mettaient la torche au bûcher.

Aussitôt, la flamme s'éleva, mais, ô merveille!

Au lieu de l'affreuse senteur des chairs consumées, un parfum d'encens et d'aromates se répandit dans les airs et le saint évêque intact au sein du brasier, paraissait rayonnant comme l'argent et l'or dans la fournaise.

Enfin, le confecteur[1] désespérant de voir le feu consumer le martyr, transperça la victime avec son glaive. Le sang sortit avec une telle abondance qu'il éteignit le feu.

Devant ce spectacle, le peuple ne put s'empêcher de reconnaître que les chrétiens étaient des héros.

Comme les fidèles s'approchaient du bûcher, un centurion s'y opposa et ordonna de laisser le feu achever son œuvre.

Le corps du saint évêque fut consumé et les fidèles ne purent recueillir que quelques ossements calcinés qu'ils s'empressèrent de déposer dans un lieu secret.[2] Onze autres martyrs montèrent avec lui, au ciel, le même jour. Ils faisaient partie des chrétiens arrêtés à Philadelphie et amenés à Smyrne pour y verser leur sang à la gloire de Jésus-Christ.

Bientôt, par les soins des tabellarii apostoliques, toute l'Eglise allait connaître le martyre de Polycarpe et applaudir à sa gloire.

(1) Celui qui achevait les mourants dans l'arène.
(2) Récit tiré de : *Epistola Ecclesiæ Smyrn. de Martyr. S Polycarpi*, VIII-XIII.

VI

LA VOIX SANS ÉCHO.

Ce n'était pas seulement en Asie que la persécution éclatait avec une atroce fureur; elle désolait de nouveau l'église de Rome.

Partout, les chrétiens étaient traqués comme des bêtes fauves. La hache du licteur ensanglantait les bornes militaires ; les amphithéâtres ruisselaient de sang ; les prétoires étalaient tous les jours les plus horribles supplices, les bûchers consumaient les corps des martyrs.

C'était le cas d'élever la voix, de nouveau, devant César et de le rappeler à l'humanité.

Justin le pensa, et, dans son ardeur, il résolut d'en appeler aux deux empereurs et au peuple tout entier.

— Romains, s'écria-t-il, dans cette seconde apologie, que vous le vouliez ou non, vous êtes nos frères, nous avons la même nature.

» Les scènes épouvantables qui viennent de se passer dans cette capitale sous la présidence du préfet Urbicus et qui se renouvellent dans tous les tribunaux de l'empire, sont des outrages à la nature et à la dignité humaine. »

Justin raconte, alors, que, de deux époux vivant dans le

désordre, la femme était devenue chrétienne, avait changé de conduite et travaillait de toutes ses forces à convertir son mari, sans aucun succès, car, irrité, celui-ci se plongea encore plus dans toutes les infamies.

Alors, en butte aux plus mauvais traitements du corps et de l'âme, sa femme demanda aux tribunaux le *libellus repudii* ou jugement de séparation.

— Savez-vous ce que son mari oppose à cette démarche aussi légitime que légale?

« Il rédige une dénonciation dans laquelle il accuse sa femme d'être chrétienne.

» L'infortunée s'adresse, alors, à vous, magnanime empereur, et sollicite de votre justice un délai de quelques jours pour mettre ordre à ses affaires domestiques, promettant de se remettre ensuite aux mains des juges pour répondre à l'accusation dont on la charge.

» Vous avez accueilli favorablement sa requête, César. Protégée par votre bienveillance impériale, la malheureuse, le glaive suspendu sur sa tête, achève son triste labeur, et, peut-être, ses derniers jours.

» Mais ce délai irrite le mari et il rejette sa colère sur celui qui a instruit sa femme dans la religion chrétienne.

» C'était un nommé Ptolémée.

» L'homme trouva un complice dans un centurion de ses amis qui aborde Ptolémée et lui demande :

» — Es-tu chrétien?

» Ptolémée qui était un fidèle serviteur de Jésus-Christ, avait horreur du mensonge. Il répondit sans hésitation :

» — Oui, je suis chrétien.

» Aussitôt, sans aucune autre forme de procès, le centurion l'arrête, le fait charger de fers et jeter dans un cachot où il resta longtemps en butte aux plus mauvais traitements.

» Enfin, hier on l'amena au tribunal d'Urbicus.

» Le préfet lui demanda à son tour :

» — Es-tu chrétien?

» — Oui, répondit le prisonnier.

» Il faut que vous sachiez bien, romains, qu'un chrétien ne pourrait avoir que deux motifs pour renier sa foi.

» Ce serait d'une part, dans le cas où il la désapprouverait, ou, d'autre part, parce qu'il reculerait devant les conséquences qu'elle peut entraîner.

» Dans le premier de ces deux cas, ce serait un apostat; dans l'autre cas, ce serait un lâche.

» Or, nous ne voulons être ni des apostats, ni des lâches. Sans prolonger davantage l'interrogatoire, le prélet Urbicus ordonna que Ptolémée eût la tête tranchée.

» Mais, à peine avait-il prononcé cette odieuse sentence qu'une personne, dans la foule, lui crie aussitôt :

» — Préfet! pourquoi cette condamnation? Quel crime a donc commis cet homme? A-t-il été convaincu d'un délit ou d'un forfait quelconque? C'est donc le simple titre de chrétien que vous punissez de mort? Urbicus, une pareille sentence déshonore le règne d'un empereur qui se fait appeler du titre de *Pius*, d'un fils de César qui revendique le nom de philosophe! Elle outrage la majesté sacrée du sénat romain!

» — Qu'es-tu donc, toi qui oses parler ainsi, s'écria, alors, Urbicus. Tu parais faire partie de cette secte impie!...

» — Je suis Lucius et je suis chrétien! répondit-il.

» Et sans autre forme de procès, le préfet l'envoya au supplice.

» — Je vous remercie, dit Lucius, vous me délivrez d'une insupportable tyrannie; je vais au royaume du Père et du Roi des cieux.

» Alors, un troisième chrétien sortit des rangs de la foule, s'offrant aussi à marcher au supplice.

» On le joignit aux deux autres et, tous trois, eurent la tête tranchée.[1]

(1) S. Justin, Apolog. II, *pro Christianis*, ch. i-ii patrologii.

» — Moi, aussi, continue Justin, dans cette seconde apologie, je m'attends à être dénoncé d'une heure à l'autre par quelque traître et à être attaché à une croix.

» Le cynique Crescens, ce sycophante, ce charlatan qui ne mérite pas le nom de philosophe, s'en chargera.

» Chaque jour, en effet, il nous vilipende en public.

» Sans savoir le premier mot de ce qu'il dit, il affirme que les chrétiens sont des impies et des athées. Et le peuple applaudit frénétiquement à ses discours.

» Qu'il prenne la peine d'étudier nos doctrines! Il ne nous connaît pas et il nous diffame, n'est-ce pas le comble de l'impudence? N'est-ce pas le comble de la scélératesse?

» A plusieurs reprises, dans des conférences publiques, je l'ai convaincu d'ignorance. Peut-être, même, aurez-vous lu, dans les *acta diurna*, quelques échos de ces disputes?

» Dans ce cas, prince, vous avez pu vous convaincre de son ignorance des premiers éléments de notre croyance.

» Si ces relations, au contraire, ne sont pas parvenues jusqu'à vous, choisissez un jour, afin qu'il me soit permis de discuter avec lui devant vous.

» C'est un sujet digne de fixer l'attention d'un empereur.

» Socrate a dit : « Les hommes ne sont rien, la vérité est tout.[1] »

» Peut-être me répondra-t-on :

» — Mais si tel est votre désir d'aller au ciel rejoindre votre Dieu, donnez-vous la mort à vous-même et épargnez-nous ce souci.

» — Telle ne doit ni ne peut être notre ligne de conduite.

» C'est Dieu qui donne la vie au genre humain et la lui conserve. Le suicide est un crime pour lequel il n'y a pas de pardon.

» On nous dira encore que, si Dieu était avec nous, il ne

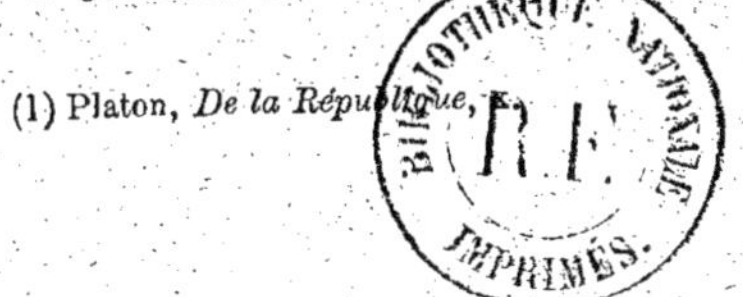

(1) Platon, *De la République*, I.

permettrait pas à nos ennemis de nous écraser de leur haine et de leur tyrannie. Voici ma réponse :

» Au-dessus du monde visible, il existe des anges que Dieu a créés, spirituelles intelligences douées comme l'homme du libre arbitre. Une partie de ces anges transgressa la loi du Souverain Maître, ils devinrent ces démons qui tiennent le genre humain asservi sous leur joug.

» Ce sont là les divinités que chantent vos poètes et auxquelles vous offrez des sacrifices.

» Ce sont ces puissances mauvaises qui soulèvent contre nous tant d'orages par un sentiment de vengeance.

» Parce qu'en effet, depuis que la justice et la miséricorde de Dieu se sont manifestées par l'avènement de son Fils dans le monde, les chrétiens chassent partout ces démons, au nom de Jésus-Christ qui a été crucifié sous Pontius Pilatus.

» Toutes les formules d'Esculape, toutes les incantations antiques faites au nom de vos dieux n'ont jamais pu délivrer un possédé.

» Le nom de Jésus-Christ réalise ce prodige !

» Afin de ne pas troubler l'ordre naturel des choses et pour laisser intégralement à l'homme l'exercice de sa liberté, Dieu retarde la catastrophe suprême par laquelle il séparera les bons des méchants.

» La liberté de l'homme est, en effet, la condition essentielle de son mérite et de son démérite.

» Voilà comment la persécution dont nous sommes l'objet démontre la vérité de nos doctrines.

» Si les démons ont déchaîné leur fureur contre des sages isolés qui ne possédaient, en quelque sorte, que la semence du Verbe, tels qu'Héraclite, Nuesonius et tant d'autres, faut-il s'étonner qu'ils épuisent toute leur fureur contre nous qui avons reçu en partage la science intégrale du Verbe !

» Tout ce que les philosophes et les législateurs antiques

ont dit de beau, de vrai et de bon, ils le devaient au Verbe, dont, cependant, ils n'avaient qu'une connaissance imparfaite.

» C'est là ce qui a valu à Socrate l'honneur d'un traitement semblable à celui qu'on nous inflige aujourd'hui.

» Déjà, Xénophon, imprimait cette vérité morale dans l'apologue où il montre la jeunesse d'Hercule entre la vertu et le vice symbolisés par deux femmes, l'une au visage riant, l'autre au visage sévère, l'une invitant au plaisir, l'autre à la lutte.

» La marque de la vérité c'est le mépris des plaisirs et le courage dans les luttes de la vertu.

» Quant à moi, c'est pour avoir reconnu dans les chrétiens une intrépidité sans égale que j'ai abandonné Platon et embrassé leur foi et leur doctrine.

» Leur héroïsme porte le caractère de la vérité!

» D'ailleurs, les principes de Platon ne contredisent pas absolument ceux de Jésus-Christ.

» Chaque philosophe s'est rapproché du christianisme dans la mesure de vérité que le Verbe divin lui a fait connaître.

» Mais, ce qui n'existait chez eux qu'en germe a été manifesté en nous dans son plein épanouissement par la grâce du Verbe fait chair.

» Maintenant, princes, il nous reste à vous adresser une dernière prière.

» Mettez au bas de cette supplique ce que vous voudrez, mais ordonnez qu'elle soit affichée au lieu ordinaire, afin que chacun et tous puissent la lire.

» Il faut qu'on sache ce que nous sommes. Il faut que tant d'erreurs et de préjugés répandus sur nous s'évanouissent et qu'ainsi, enfin, la plus élevée, la plus excellente des doctrines soit connue dans sa substance réelle.

» Chacun est capable de discerner le bien du mal.

» Ceux qui nous persécutent ne nous connaissent pas.

» Les calomnies semées à profusion, les crimes et les monstruosités dont on nous charge sans preuves, voilà les seuls motifs de la haine que le peuple professe contre nous.

» Et, pourtant, ces crimes dont notre foi de chrétiens nous interdit jusqu'à la pensée, tous les dieux que le peuple adore les ont commis !

» Quel prodigieux renversement de toute logique !

» On nous enchaîne, on nous torture, on nous enlève la vie à nous qui avons horreur de tous ces forfaits, parce qu'on nous en croit faussement coupables, et l'on va offrir de l'encens devant les statues de prétendus dieux qui les ont réellement commis ?[1] »

Telle fut l'apologie que Justin présenta à l'empereur Marcus Aurélius, avec l'espoir qu'elle serait entendue comme l'avait été la première par Antonin le Pieux.

Pages brûlantes dans lesquelles le grand apologiste répand la légitime indignation de son cœur devant les excès arbitraires qui déshonoraient la justice de César, pages dans lesquelles il rend un solennel hommage aux philosophes du paganisme, presque chrétiens par la docilité avec laquelle ils avaient accueilli l'influence de la « lumière du Verbe de Dieu qui illumine tout homme venant de ce monde. » Pages qu'aurait dû accueillir l'empereur philosophe que la postérité devait honorer du nom de sage.

Mais la voix solennelle et puissante de Justin devait être étouffée par la haine et ne trouver d'autre écho que celui de l'histoire.

____

(1) S. Justin, Apol. II, ch. iii-xv, passim.

JUSTIN LE MARTYR.

Le bruit s'était bientôt répandu dans la société des fidèles de Rome que Justin avait présenté à l'empereur une nouvelle apologie de la foi.

On en connaissait même la teneur et des copies nombreuses circulaient, multipliées par les *notarii* diligents.

Et chacun en parlait.

— Réjouissons-nous; Justin a parlé, nous sommes sauvés!

— L'espérez-vous si fermement? répondait un vieillard prudent, ne chantez pas trop le chant du triomphe, il pourrait se faire, au contraire, que la persécution soit, de ce chef même, rendue plus violente et que Justin, le premier, en subisse le martyre.

— Avez-vous lu, comme, avec une confiance digne de son grand savoir, il cite Crescens, le cynique, à une conférence publique sur la foi chrétienne? Si Crescens accepte, nous triomphons, Crescens n'est pas à la taille de Justin. Il sera honteusement vaincu par lui, avec la grâce de Jésus-Christ.

— Crescens n'est pas un philosophe, c'est un immonde cynique. Il se gardera bien d'accepter. Ce misérable prétend bien porter la barbe et le manteau des philosophes, mais seulement pour les profits qu'il en tire.

— Oui, Marc-Aurèle lui sert une pension de six cents pièces d'or. Il s'est fait aménager une villa luxueuse où se passent d'infâmes choses. Sa science est nulle. Il n'est passé maître que dans l'intrigue.

Cependant, Crescens devait faire autre chose que d'accepter de discuter avec Justin.

Il fit ce que Justin lui-même avait prévu et prédit.

Il le dénonça au préteur.

L'apologiste fut arrêté et incarcéré comme chrétien.

Quand Justin descendit dans les profondeurs du cachot, il se vit entouré par six confesseurs du Christ qu'il serra sur son cœur au nom de la Paix.

C'étaient Charito, Charitana, Evelpiste, Hiérax, Pœon et Libérianus.

Justin et ses compagnons furent amenés au tribunal du préfet Rusticus qui avait succédé à Urbicus.

— Tu es Justinus, lui dit l'éparque, sois docile aux décrets des empereurs et sacrifie aux dieux.

— J'obéis, répondit Justin, aux préceptes de Jésus-Christ notre Sauveur, nul n'a le droit de me contraindre à les violer.

— Quelle branche des connaissances humaines as-tu choisie pour l'objet de tes études? demanda Rusticus.

— J'ai étudié sucessivement, répondit Justin, dans toutes les écoles de philosophie; mais, depuis que j'ai embrassé la foi et la doctrine des chrétiens, je l'ai reconnue pour la seule véritable, quoique je conviens qu'elle a autant d'adversaires qu'il existe de victimes de l'erreur.

—Misérable! s'écria Rusticus, peux-tu bien t'enorgueillir de professer une semblable doctrine?

— Oui, dit Justin, je me fais gloire de partager la foi des chrétiens et de conformer ma vie à la leur.

— Quelle est donc cette foi? demanda, alors, le préfet.

— Nous croyons, répondit Justin, qu'il n'y a qu'un seul Dieu, créateur de l'univers, essence spirituelle et invisible que notre œil ne saurait contempler parce qu'il est mortel.

« Nous croyons que le Fils de Dieu, Jésus-Christ Notre-Seigneur, s'est manifesté au monde, comme l'avaient annoncé les prophètes.

» Il est le Sauveur du genre humain, le maître de toute vérité en attendant qu'il revienne juger les vivants et les morts. »

— Dis-moi, donc, reprit l'éparque, où se réunissent les chrétiens pour leurs assemblées?

— Partout où ils le peuvent, répondit Justin. Vous paraissez croire que les chrétiens n'ont qu'un seul et unique lieu de réunion; c'est là une erreur. Le Dieu des chrétiens, en effet, est partout. On ne saurait le circonscrire dans les limites d'un lieu, quelque soit ce lieu.

» Quoiqu'invisible, il remplit l'immensité de la terre et des cieux.

« Les fidèles l'adorent donc en tout lieu et, partout, chantent sa magnificence et sa gloire. »

Mais le préfet insista.

— J'entends savoir, dit-il, où les chrétiens se réunissent habituellement à Rome et particulièrement, en quel endroit tu réunissais toi-même tes disciples.

— Pour moi, répondit Justin, je demeure dans la maison de Martinus près des bains de Timiotinum. C'est la deuxième fois que je viens en cette ville et c'est toujours dans cette même maison que j'ai demeuré. Tous ceux qui ont voulu venir m'y trouver ont reçu de moi communication de la doctrine, seule véritable, que je professe.

— Ainsi, dit le préfet, tu t'obstines à te dire chrétien?

— Oui, certes! répondit Justin.

— Et toi, Charito, dit Rusticus, es-tu chrétien?

— Préfet, répondit Charito, je suis chrétien, par la grâce de Dieu.

— Et toi, Charitana?

La femme de Charito répondit.

— Je suis chrétienne comme mon mari.

S'adressant, alors, à Evelpiste :

— Et toi, Evelpiste, dit l'éparque, qui es-tu?

Evelpiste répondit :

— Je suis un esclave de la maison de César, mais, j'ai été affranchi pour la liberté véritable par Jésus-Christ. Je suis donc chrétien; et, comme tel, je partage la foi, les privilèges, la grâce et les espérances de ceux que vous venez d'interroger.

— Et toi, Hiérax? Es-tu chrétien aussi?

— Oui, dit celui-ci; comme ceux-ci, je crois à Jésus-Christ et je l'adore comme mon Dieu.

— Qui donc vous a instruits dans cette religion? demanda Rusticus, est-ce Justin?

— J'étais chrétien avant de connaître Justin, répondit Hiérax. Je l'étais, je le suis et je le serai toujours.

— Moi aussi! s'écria Pœon.

— Et qui t'a instruit? demanda l'éparque.

— Ce sont mes parents qui m'ont enseigné cette foi divine.

Alors, Evelpiste prenant la parole :

— Moi aussi, dit-il, j'avais beaucoup de joie à suivre les leçons de Justin. Mais j'étais également chrétien avant de le connaître et je dois cette foi à mes parents, car cette religion est celle de mon père et de ma mère.

— Et où sont tes parents? demanda le préfet, rêvant sans doute d'augmenter le nombre de ses prisonniers.

— En Cappadoce, répondit Evelpiste.

— Et toi, Hiérax, dit Rusticus, où sont les tiens?

— Notre père véritable, répondit Hiérax, est le Christ;

notre mère est la foi que nous avons en lui. Quant à ceux qui m'ont donné le jour, ils sont morts. Je suis né à Iconium en Pisidie.

— Et toi, Libérianus, demanda l'éparque, appartiens-tu aussi à cette secte d'athées?

— Je suis chrétien, répondit Libérianus, j'adore le Dieu unique et véritable.

Alors, le préfet se tourna vers Justin et lui dit :

— On vante ton savoir et ton éloquence. Ecoute-moi donc. Crois-tu sérieusement que, lorsque j'aurai fait meurtrir ton corps à coups de fouet et que je t'aurai fait trancher la tête, tu monteras au ciel?

Justin répondit aussitôt :

— Si tels sont les supplices que vous me réservez, oui, j'espère obtenir la récompense promise à tous ceux qui ont confessé la foi de Jésus-Christ. Or, j'ai la certitude que la grâce divine les conserve dans les joies célestes jusqu'à la résurrection qui suivra la fin du monde.

— Ainsi, reprit le préfet, tu t'imagines réellement que tu vas monter au ciel pour y recevoir cette récompense?

— Non, répondit Justin, je ne l'imagine pas; c'est bien différent, je le sais d'une science certaine et je n'ai pas, à cet égard, le moindre doute.

— Finissons ces discours, dit Rusticus, et tenons-nous-en au point capital, le seul dont il s'agisse ici. Venez tous et sacrifiez aux dieux.

— Mais, répondit Justin, qui donc voudrait abandonner la foi et la religion véritables pour se jeter dans l'erreur et l'impiété? Y pensez-vous?

— Je dis, s'écria Rusticus, que, si vous n'obéissez pas de bon gré, les tortures vous feront obéir de force.

— Ah! s'écria Justin, les tortures! Mais notre ambition est de les souffrir pour le nom de Jésus-Christ Notre-Seigneur! Ce sera notre gloire immortelle, lorsque nous paraîtrons, en même temps que le monde entier, devant le redoutable tribunal de ce Juge suprême !

Alors, les six autres confesseurs ajoutèrent, en chœur, confirmant la parole de Justin :

— Nous ne sacrifierons jamais à vos dieux !

— Très bien, dit Rusticus.

Et il prononça la sentence :

— Pour n'avoir pas voulu sacrifier aux dieux et obéir aux édits de l'empereur, Justin, Charito, Charitana, Evelpiste, Hiérax, Pœon et Libérianus, rebelles, sont condamnés par moi selon les termes de la loi à subir d'abord la peine de la flagellation et à avoir ensuite la tête tranchée. Va, licteur, prépare les verges et la hache.

Les saints martyrs rendirent gloire à Jésus-Christ qui acceptait leur sacrifice, et, pendant qu'on les menait au supplice, ils chantèrent les louanges du Seigneur.

Les verges déchirèrent leurs membres et leurs têtes tombèrent sur les bornes militaires, tranchées par la hache impassible du licteur.

Ainsi fut consommé le martyre de Justin le philosophe, le premier des grands apologistes chrétiens.

La nuit suivante, les fidèles recueillirent leurs restes et leur rendirent les honneurs qui sont dus à la sépulture des saints.

Et la tempête continua à sévir cruellement sur la vigne de Jésus-Christ. On ne se lassait pas de tuer les chrétiens.

Servilius Paulus, gouverneur romain, en Asie, envoyait à la mort Sagaris, évêque de Laodicée.

A Rome, le pape Soter était décapité par l'ordre d'un des successeurs du préfet Rusticus.

Les fidèles recueillirent ses restes et les ensevelirent au cimetière de Calliste sur la via Appia.

Cependant, peu de temps avant, l'empire était délivré du collègue indigne que s'était donné Marc-Aurèle.

La jeune fille se tordait en hurlant : Abercius ! Abercius !
te voilà donc ! J'avais bien dit que je te ferais venir à Rome ! (P. 83.)

Les deux empereurs étaient partis pour l'Illyrie, afin de combattre les Marcomans qui, pris de peur leur envoyèrent des députés demandant la paix.

Lucius Vérus voulait l'accorder et revenir à Rome dont il regrettait les plaisirs ; mais Marc-Aurèle qui avait compris la ruse des barbares força son collègue à marcher en avant et à franchir les Alpes.

Enfin, après avoir amené les ennemis à merci, Marc-Aurèle reprit avec Lucius Vérus le chemin de Rome.

Ils étaient montés tous deux dans le même char lorsque l'apoplexie foudroya subitement Vérus à ses côtés.

Le monde romain délivré d'un abject tyran applaudit des deux mains et remercia les dieux.

De leur côté, les chrétiens prièrent ardemment le Ciel de répandre sur eux une paix méritée par tant de douleurs et tant de sang répandu pour la foi par la main des tyrans.

TROISIÈME PARTIE

LE RÉQUISITOIRE CHRÉTIEN

I

SOUS TERRE.

Le soleil était tombé derrière les horizons sanglants, dont la pourpre s'effaçait graduellement à l'occident sous l'effort envahissant du crépuscule qui en dispersait les derniers lambeaux.

A cette heure tiède du jour, les grandes voies romaines regorgeaient de passants et de chars empressés vers les plaisirs du soir.

Dans la foule et sans égards pour les préoccupations vulgaires, des hommes et des femmes au maintien grave allaient aussi d'un pas diligent, se dirigeant vers la campagne.

Un œil exercé eut pu les reconnaître, car un air de famille permettait de les classer dans une même catégorie, quoique la diversité de leurs vêtements en rapport avec la variété de leurs classes sociales respectives, eut pu apporter quelqu'illusion dans l'esprit de l'observateur.

Tous passèrent les portes où veillaient les casernes pré-toriennes, se dirigeant par des détours et avec plus de précautions que dans la ville, vers des enclos discrets formés par des jardins contenant des villas.

Là était, en effet, un groupe de cimetières au nombre desquels celui de Calixte où Soter venait d'être déposé et dormait son sommeil de martyr.

Bientôt, la foule des chrétiens afflua dans les étroits corridors vaguement éclairés par la lueur rougeâtre des lampes sépulcrales.

Foule de toute sorte, composée de fidèle, de vierges, de matrones, de prêtres, de diacres, d'évêques venus de loin ou exerçant leur apostolat dans les divers quartiers de Rome, tous se pressaient autour d'un tombeau qui formait le centre d'une vaste salle prolongée par les corridors élargis à cet endroit. En face, la chaire pontificale étendait ses bras veufs de la dernière étreinte du successeur de Pierre.

Sur le tombeau, au couvercle de marbre, tout était prêt pour la célébration des mystères.

Quand la réunion fut complète, dans le silence profond et le recueillement général, le plus ancien des évêques s'approcha de l'autel et se tint entre la chaire pontificale et l'illustre tombeau.

— Mes frères, dit-il, que la paix du Seigneur Jésus-Christ soit avec vous tous!

— Et avec ton esprit! répondit le peuple fidèle.

— Notre assistance nous vient du Seigneur.

— Qui a fait le ciel et la terre.

— Haut les cœurs et que son Nom soit béni!

— Eternellement et dans tous les siècles des siècles.

— Prions, mes frères, afin que l'Esprit-Saint nous éclaire et daigne nous inspirer dans le choix que nous allons faire de celui qui doit succéder à Soter successeur de Pierre.

Tous, alors, affirmèrent en une hymne chaleureuse leur foi à l'assistance du Saint-Esprit.

Quand le chant eut cessé, le pontife reprit :

— Mes frères, veuillez vous prononcer sur le choix de celui qui vous semble le plus digne, par ses vertus et sa fermeté, de s'asseoir sur le siège pontifical.

— Eleutherius, dit une voix.

— Eleutherius ! répétèrent mille voix en chœur, il est digne, nous le proclamons.

— Est-il vraiment digne ? dit l'évêque.

— Il est digne ! s'écria le peuple.

Après un instant de silence :

— Est-il vraiment digne ? demanda de nouveau l'évêque.

— Il est digne ! répéta le peuple.

— Prions, mes frères, dit de nouveau le pontife.

Et, une troisième fois, il reprit :

— Quel est celui, qu'avec l'assistance du Saint-Esprit, vous trouvez digne de recueillir l'héritage de Pierre ?

— Eleutherius est digne par la grâce du Saint-Esprit, répéta, une troisième fois, le peuple fidèle.

Alors, l'évêque d'une voix solennelle s'écria :

— Notre aide nous vient du Nom du Seigneur qui a fait le ciel et la terre, dont le Nom soit béni, Père, Fils et Saint-Esprit, dans les siècles des siècles, Eleutherius, par la grâce de Dieu, le jugement du Christ et l'assistance du Saint-Esprit, par le témoignage des clercs, le suffrage du peuple présent et du collège des anciens et des prêtres est pontife souverain parmi nous. *Accedat!*

Un homme plein d'humilité sortit des rangs de la foule émue et vint s'agenouiller devant le tombeau de Soter.

L'évêque lui imposa sur la tête le livre des Écritures et, la main étendue sur lui, récita les invocations saintes, puis, ayant tracé sur lui le signe de la croix, lui donna le baiser apostolique qu'après lui vinrent aussi, en longue file, lui donner tous les membres de la hiérarchie chrétienne.

— Eleutherius ! s'écria alors l'évêque, d'un ton solennel et d'une voix puissante, tu es Pierre !

— Et sur cette pierre, chanta la foule en une explosion de triomphante allégresse, je bâtirai mon Église et les portes de l'enfer ne prévaudront point contre elle.

Et le nouveau pape, futur martyr, commença sur le tombeau de son prédécesseur martyr, la célébration des saints mystères de l'Holocauste éternel du Christ Victime, Pontife et Rédempteur à jamais.[1]

(1) Cette forme dans l'élection des papes aux premiers siècles est attestée par de nombreux auteurs, parmi lesquels les *Constitutions apostoliques*, l. VIII, ch. IV. Tertullien qui y fait allusion dans son *Apologétique*, ch. XXXIX; S. Ambroise, dans son ouvrage *de Dignitate sacertotali*, ch. V; S. Augustin, *Epîtres*, CX; S. Cyprien, *Epîtres*, X, etc., et S. Denys l'Aréopagite, *Hiérarchie ecclésiastique*.

II

NOUVEL APPEL A CÉSAR.

— Hélas! soupirait un vieux diacre qui sortait du prœ-
dium, au petit jour, hélas! le sang chrétien coule toujours à
flots, et, de nouveau, le troupeau de Jésus-Christ va rentrer
sous terre avec timidité comme au sein des plus mauvais
jours de Néron!

— Est-ce vrai? dit un vieillard qui remontait aussi et avait
entendu ces paroles dites à demi-voix.

— Juge toi-même, respectable vieillard, qui osera élever
la voix, maintenant que la bouche de Justin est fermée? qui
aura assez d'autorité pour faire, de nouveau, retentir aux
oreilles de l'empereur et du peuple romain, la voix des justes
revendications, et, surtout, pour se faire écouter de ceux qui
ont des oreilles et affectent de ne pas entendre, des yeux et
affectent de ne pas voir?

— As-tu entendu parler d'un homme qui dirige, comme
évêque, l'église de Sardes, en Lydie? demanda le vieillard.

Le diacre parut rassembler, un instant, ses souvenirs, et,
tout à coup, se frappant le front :

— Est-ce de Méliton que tu veux parler, respectable
vieillard?

— Je veux, en effet, te parler de Méliton, dit le vieillard.

— Eh! qui ne le connaît pas, au moins de nom. Toute l'Eglise le vénère comme un saint et un prophète. C'est le flambeau de l'Eglise d'Asie et il est rempli des lumières du Saint-Esprit.[1]

— Rassure-toi donc, Méliton va élever la voix devant César et plaider la cause de Jésus-Christ et de ses serviteurs.

— Que dis-tu, et serait-ce possible? s'écria le diacre transporté de joie. Hélas! Méliton est loin, il est âgé, peut-être; le voyage à Rome n'est pas sans péril, surtout en des temps aussi atroces pour les saints; combien de temps se passera avant que nous entendions sa parole?

— Peu de temps, dit le vieillard, console-toi, Méliton est à Rome. Il est venu *ad limina apostolorum*, et, avant de s'en retourner, il élèvera la vòix. La paix soit avec toi!

— Et avec ton esprit! dit le diacre plein de joie; mais, dis-moi, le connais-tu?

Pour toute réponse, le vieillard mit un doigt sur sa bouche et s'éloigna sans rien ajouter de plus à son discours.

Quelques jours après, Jésus-Christ et son Eglise comptaient un nouvel et éloquent avocat et l'empereur recevait un plaidoyer de plus en faveur des chrétiens qui en lisaient les copies avec les plus vives espérances.

— Prince, disait Méliton à l'empereur, je dois vous faire savoir que la persécution qui sévit actuellement, en vertu de nouveaux décrets promulgués en Asie contre les adorateurs du vrai Dieu, revêt un caractère inouï d'injustice et de cruauté.

« D'impudents délateurs, d'avides pillards, se couvrent de la majesté des décrets impériaux et ne rêvent qu'à faire mettre

---

(1) S. Meliton a laissé la plus brillante réputation attestée par Eusèbe, *Hist. eccles.*, v, 24; Tertullien, etc. — S. Jérôme et Eusèbe nous ont conservé un catalogue de ses nombreux ouvrages, tous perdus sauf quelques fragments.

à mort des innocents pour se partager ensuite leurs dépouilles.

» Si, réellement, c'est par votre ordre qu'ils agissent ainsi, nous n'avons rien à dire; plutôt que d'accuser un prince aussi juste que vous, nous préférons cent fois mourir.

» La seule grâce que nous vous demandions, c'est de vouloir bien vous faire rendre compte de leur conduite, après quoi, vous déciderez, dans votre sagesse, si de tels scélérats ne sont pas justiciables de vos tribunaux.

» Il peut se faire, d'ailleurs, que vous ignoriez les édits récemment promulgués contre nous et dont la rigueur dépasse toutes les mesures qu'en temps de guerre acharnée on a jamais pu prendre contre les barbares.

» Peut-être que ces décrets n'émanent pas directement de vous. Dans ce cas, nous vous supplions de ne pas nous laisser plus longtemps victimes d'un tel brigandage.

» La philosophie que nous professons demeura, pendant des siècles, le patrimoine d'une nation barbare. Elle ne commença à briller, dans les provinces romaines, que sous le règne glorieux d'Auguste.

» L'empire naissant eut en elle un présage d'heureux augure. C'est, en effet, depuis ce temps que nous avons vu se développer et croître la majesté de l'empire, dont le sceptre est passé entre vos mains aux acclamations du monde entier et dont votre fils recevra de vous l'héritage, pourvu, toutefois, que vous suiviez l'exemple de vos prédécesseurs qui ont laissé à cette religion née avec l'empire, la même liberté qu'aux autres.

» La preuve que notre religion est favorable à la prospérité de l'empire, c'est que, depuis le règne d'Auguste, la grandeur et la majesté romaines ont dépassé toutes les espérances.

» Néron et Domitien, il est vrai, ont incriminé notre foi, séduits par de malveillants conseils.

» Depuis, la calomnie s'est propagée dans le vulgaire

toujours prêt à accueillir sans examen les bruits les plus fabuleux.

» Mais, les plus pieux de vos prédécesseurs ont cherché à réagir contre cette tendance par des édits connus et nombreux.

» Hadrien, votre aïeul, écrivit en ce sens à plusieurs gouverneurs de provinces. Antonin, votre père, au temps même où vous partagiez sa puissance impériale, manda à plusieurs cités, en particulier, Larisse, Thessalonique, Athènes et à toutes les provinces grecques en général, d'avoir à cesser les persécutions dont nous étions l'objet de la part du peuple.

» Comme eux et plus qu'eux, prince, vous aimez la sagesse et pratiquez la vertu d'humanité; nous avons donc la confiance que vous écouterez notre juste requête.

» Il est vrai, nous refusons nos hommages à des idoles insensibles, mais nous sommes les adorateurs du Dieu Unique, qui existe avant toutes choses et les domine toutes; nous sommes les adorateurs du Christ, Verbe de Dieu, qui était avant les siècles. »

C'est ainsi que l'évêque Méliton commença son apologie de la foi. Parti de cet exorde tranchant, il ne pouvait que s'élever aux plus hauts arguments.

Hautement, il demande justice; hautement, il récuse l'arbitraire et réclame l'arbitrage.

— Si difficile qu'il soit, dit le saint évêque, de se dégager d'une erreur séculaire, cependant, on le peut.

« De même qu'on voit l'azur du ciel, quand le vent a dissipé les nuages, ainsi, il suffit à l'homme de rejeter ses préjugés et de tourner ses regards vers Dieu pour voir s'illuminer la vérité à ses yeux.

» L'erreur n'est qu'une maladie, une folie passagère.

» Hélas! combien y a-t-il d'hommes qui prennent l'iniquité pour la justice et se croient excusables parce que leur erreur est celle du grand nombre.

» Mais, si la folie d'un seul est dangereuse, que sera-ce de la folie des multitudes?

» Eh bien! la véritable folie, pour moi, c'est l'abandon du vrai Dieu et le culte de divinités qui n'existent pas.

» Dieu est l'Etre souverain sans commencement ni fin; ceux qui l'aiment l'appellent leur Père.

» Mais, en dehors de ce Dieu unique et éternel, adorer une divinité quelconque, c'est, évidemment, adorer une créature.

» Le feu, l'eau, la terre, sont des éléments créés par Dieu, ils ne sont pas Dieu. Il en est de même du soleil, de la lune et des autres astres; à plus forte raison, l'argent et l'or transformés en statues et se prêtant à tous les usages du caprice humain, ne sauraient être des dieux.

» Qui ne voit que c'est un crime de prostituer le nom auguste et incommensurable de Dieu à des créatures qui tiennent leur être d'un décret de Dieu!

» Une pareille aberration n'est plus permise aujourd'hui que la parole de vérité a retenti, à la fois, sur tous les points du monde.

» Partout, on a prêché qu'il n'y a qu'un seul Dieu; la lumière a brillé à tous les yeux.

» Ouvrez donc les yeux et voyez, enfin! Ce n'est plus une lueur passagère, c'est la splendeur du vrai qui éclate enfin et qu'il est donné à nos jours de pouvoir contempler.

» Fermer les yeux au soleil et courir au précipice, n'est-ce pas le fait d'un insensé?

» Il ne s'agit plus de s'égarer avec la multitude, c'est un devoir pour tout homme d'éclairer la multitude elle-même, et, s'il échoue dans cette généreuse tentative, du moins, il aura sauvé son âme.

. . . .

» Connaître Dieu et se connaître soi-même, voilà le devoir de l'homme. Nous portons dans notre âme, comme un reflet qui peut nous aider à comprendre, jusqu'à un certain point, la nature divine.

» C'est par l'âme que l'œil voit, que l'oreille entend, que notre langue articule des sons, que tout le corps se meut.

» Quand il plaît à Dieu de séparer l'âme du corps, celui-ci tombe et se corrompt.

» Par cet élément invisible qui fait partie de nous-mêmes, nous pouvons comprendre comment la puissance de Dieu dirige et conserve le monde; qu'elle vienne à se retirer et l'univers tombe en poudre comme un corps inanimé.

. . . .

» Pourquoi le prince ne se ferait-il pas l'initiateur de cet heureux progrès qui amènerait, par son autorité, le peuple à reconnaître le vrai Dieu et à propager l'empire du bien dans les âmes?

» Un royaume ne peut être florissant qu'à la condition que le souverain connaisse Dieu et le craigne. Il pourra, alors, inspirer ces sentiments à son peuple, sa justice sera celle d'une conscience éclairée qui sait que Dieu la jugera, à son tour.

» Voilà comment peut se réaliser l'idéal du plus florissant empire, dans la crainte de Dieu qui fait que les sujets du prince le respectent en se respectant eux-mêmes.

» Quoi de plus grand qu'un souverain qui délivre son peuple du joug de l'erreur, et, par conséquent, de tous les maux qui en sont la suite. »

. . . .

Après avoir ainsi, en quelque sorte, porté le feu dans le vif de la plaie, et dit son fait à l'inconséquence romaine, l'illustre évêque s'écria en terminant son discours :

— Qu'on ne répète plus cette puérile objection : Nous sommes respectueux des traditions de nos pères.

« Est-ce donc qu'un enfant à qui son père n'a laissé que la pauvreté n'a pas le droit de s'enrichir? Celui qui n'a pas reçu d'instruction doit-il, pour cela, croupir dans l'ignominie? Les fils d'un boiteux ou d'un aveugle voient et marchent.

» Rompez avec l'erreur, fut-elle celle de vos aïeux.

» Dites, alors, à vos fils :

» — Dieu est le père commun de tous. Il n'a jamais eu de commencement, nul ne lui a donné l'être; rien ne subsiste que par sa volonté. C'est lui qui a créé la lumière visible qui nous éclaire et lui, Lumière invisible, ne peut être perçu par nos regards mortels.

» Ceux-là peuvent le contempler qui, dégagés de la prison du corps sont entrés dans le royaume de sa gloire.

» César, si vous embrassez cette doctrine et l'enseignez à vos fils, vous leur laisserez un héritage impérissable et d'éternels trésors. Vous assurerez votre salut et le leur pour le jour du jugement suprême et universel.

» Dieu vous connaîtra, alors, si vous consentez à le connaître aujourd'hui. Si vous estimez que sa connaissance est superflue, à son tour, il ne vous rangera pas parmi ceux qui l'auront connu et servi.

» Ce peu de paroles vous suffira, César, mais, si vous désirez d'autres éclaircissements, je suis prêt à vous les fournir.[1] »

C'est ainsi que l'on vit au IIe siècle, un évêque chrétien formuler l'idéal et jeter les bases d'un empire chrétien, tel que devaient bientôt le concevoir, sous l'influence des papes, Constantin, Théodose et Charlemagne.

---

(1) S. Meliton, *Apolog. Spécileg. solenn.*, t. II. Les ouvrages perdus de S. Meliton étaient : Deux livres sur *la Pâque; De la vraie philosophie; Des Prophètes; De l'Église; Du dimanche; De la nature humaine; De la création; De la subordination des sens à la foi; De l'âme, du corps et de l'intelligence; De la vérité; De la naissance et de la génération du Christ; Du don de prophétie; De l'hospitalité; Du démon; Commentaire de l'apocalypse de S. Jean; De l'incarnation du Verbe;* enfin un ouvrage fameux intitulé *Clavis* ou *Clef,* et son *Apologie* adressée à l'empereur Marc-Aurèle.

III

D'AUTRES VOIX. UN RÉQUISITOIRE.

A peine Méliton eut-il exposé à l'empereur cet éloquent témoignage de sa foi que, du fond de l'Asie, Claudius Apollinaris, évêque d'Hiérapolis, en Phrygie, adressait aussi à Marc-Aurèle une apologie de la Religion chrétienne.[1]

Un autre avocat du Christ, Miltiade, élève, lui aussi, la voix, dans une apologie remarquable[2] adressée « *aux chefs de ce siècle.* »

Les autres en avaient appelé à l'empereur ; lui, en appelle aux gouverneurs des provinces et des cités, qui, par leurs fonctions, se trouvaient surtout en rapport avec les chrétiens.

Jusque-là, l'apologie avait plané dans les hauteurs de la philosophie, afin d'établir la prééminence de la doctrine évangélique sur la morale païenne et surtout de détruire les préjugés calomnieux du peuple sur les chrétiens.

---

(1) Cette apologie ne nous est pas parvenue. L'historien Eusèbe a cité aussi les autres ouvrages de Claude Apollinaire également perdus : Cinq livres *contre les gentils* ; deux *contre les juifs*, et une réfutation de l'*Hérésie de Montan ou des Cataphryges*. L'antiquité chrétienne faisait grand cas du style d'Apollinaire et de l'étendue de son érudition dans les lettres profanes comme dans les lettres sacrées.

(2) Egalement perdue mais très louée par Tertullien.

Elle allait, maintenant, prendre une forme originale et emprunter des armes à la satire pour combattre les dieux et leur culte.

Hermias, surnommé le Lucien chrétien, composa un ouvrage intitulé *Les philosophes raillés*, dans lequel, avec une habile ironie, une précieuse clarté, une vivacité fine et gracieuse, il met en scène tous les philosophes. Chacun se présente à son tour, expose ses idées et prend à tâche de renverser ce que le précédent avait fait les plus grands efforts pour établir.

Un pareil élan se propagea dans toute l'Eglise et tout ce qu'elle comptait, alors, d'esprits distingués, employait son talent à mettre en lumière aux yeux de tous, les grandeurs de la religion qui en appelait au droit et à la justice.

En même temps, d'Antioche se répandaient dans l'Église les trois discours publiés par Théophile, sixième successeur de saint Pierre dans cette ville. Ces discours étaient adressés par l'évêque à un païen savant, Autolycus, qu'il avait le plus vif désir d'initier aux vives lumières de la Foi.

Dans ces éloquents discours, l'illustre évêque disserte sur la nature de Dieu, sa Providence, l'ordre de l'univers, la création de l'homme, le non-sens de l'idolâtrie, l'ignorance des philosophes et les aberrations des poètes païens sur l'origine des êtres en opposition avec la pureté de la doctrine chrétienne et de la morale de Jésus-Christ.

Et, non content de combattre les erreurs des païens, il entreprend encore la réfutation des doctrines matérialistes de l'hérétique Hermogénès, qui enseignait que la matière est éternelle.

Mais, lancés sur cette voie, les avocats de Jésus-Christ ne pouvaient plus logiquement s'arrêter.

Après la défense, l'accusation devait surgir, à son tour, et demander sévèrement au paganisme compte de ses doctrines et de ses actes.

L'illustre et chrétienne école d'Alexandrie allait s'ouvrir, fondée par Athénagore le philosophe qui, à l'exemple de Justin, venait d'embrasser la foi chrétienne, et gardant, lui aussi, sur ses épaules, le pallium des philosophes, allait enseigner publiquement le christianisme dans l'Académie.

Athénagore, à l'exemple de Celse,[1] allait prendre la plume alors qu'il était encore philosophe païen, pour attaquer et combattre la religion de Jésus-Christ, cherchant même, à ce sujet, des documents dans les livres saints, lorsque, tout à coup, ses yeux s'ouvrirent à la lumière, comme Paul, sur le chemin de Damas, et, soudain, de persécuteur, la force de la vérité le changea en apôtre.

Il devait avoir pour disciple, l'illustre Clément d'Alexandrie, une des gloires de la patrologie chrétienne.

Athénagore s'inspire des œuvres célèbres de Justin le philosophe et le martyr, mais, tandis que Justin brandit victorieusement le glaive flamboyant de l'Écriture sur la tête de ses ennemis, Athénagore, lui, fait surtout appel à la raison.

Marc-Aurèle venait, alors, d'associer à l'empire son fils Commode âgé de cinq ans.

C'est à ces deux empereurs, dont l'un était un philosophe sage et l'autre un monstre encore enfant, que l'illustre philosophe adresse son apologie sous le titre de *Légation*, c'est-à-dire *ambassade* des opprimés à leurs oppresseurs.

Il débute ainsi :

« Aux empereurs Marcus Aurélius et Lucius Aurélius Commode, Arméniaques, Sarmatiques, et, ce qui est mille fois plus glorieux, amis de la Sagesse. »

Il commence, alors, à passer en revue tous les peuples qui obéissent à l'empire et auxquels l'empire laisse toute liberté pour adorer les dieux les plus divers et les plus absurdes.

« Vous avez raison, dit-il, de laisser à chacun la liberté

____

(1) Tant et si bien combattu par Origène.

d'adorer les dieux qu'il reconnaît, parce que la crainte de la divinité est le seul frein capable de détourner du crime.

» Comment se fait-il que nous seuls soyons exceptés de cette tolérance commune? On abhorre jusqu'à notre nom et vous le permettez, et vous nous laissez traquer, torturer, emprisonner et tuer!

» Voilà pourquoi nous nous sommes senti le courage d'exposer ici notre cause au grand jour, afin de prouver que la persécution dont on nous accable est contraire à toute loi. Enfin, nous vous supplions de songer à nous et de mettre un terme aux barbares égorgements dont nous sommes les victimes.

» C'est le droit commun que nous revendiquons. Qu'on nous juge et qu'on nous punisse si nous sommes coupables, mais qu'on cesse de nous détester et de nous massacrer uniquement à cause de notre nom de chrétiens. »

Alors, le philosophe chrétien aborde clairement la question des crimes dont on accusait les chrétiens et il n'a pas de peine à établir au grand jour que l'athéisme, l'anthropophagie et l'immoralité qu'on se plaisait à reprocher calomnieusement aux chrétiens, par le plus absurde des préjugés populaires, sont des crimes tels qu'on se demande s'ils ne dépassent pas la limite de la bestialité et si l'instinct même des animaux ne leur sert pas de conscience pour les en préserver.

« Renseignez-vous donc, au moins, s'écrie-t-il, et soyez impartiaux, nous ne vous demandons que l'impartialité, cela nous suffit et nous vaincrons nos persécuteurs, nous qui possédons cette superbe force de savoir mourir pour la vérité.[1] »

De cette éloquente apostrophe, le philosophe chrétien passe, alors, à la démonstration rationnelle du dogme de l'Unité de Dieu.

« Voulez-vous, s'écrie-t-il, faire à Dieu la plus belle et la

____

(1) Athénagore, *Legatio pro Christianis*, passim.

plus agréable offrande, en dehors des hécatombes qui lui répugnent ? Travaillez sincèrement à le connaître. »

Et, victorieusement, il démontre que l'idée d'un Dieu unique, complètement opposée à celle d'athéisme, était le plus magnifique patrimoine de l'humanité et que l'antiquité païenne elle-même l'avait connue.

Et à l'appui de son affirmation, les textes de Sophocle, d'Euripède, de Platon, d'Aristote, de Lysis, d'Opsime, de Philolaüs se pressent sous sa plume, brefs et bien choisis.

« Il n'y a dès le principe, s'écrie-t-il, et il ne peut y avoir qu'un seul Dieu, un seul être créateur de toutes choses.

» Si, de toute éternité, il y avait eu plusieurs dieux, il faudrait qu'ils occupâssent ensemble le même espace ou que chacun d'eux occupât un lieu distinct. Or, ils ne sauraient occuper le même espace, car étant dieux et, par conséquent, incréés, ils ne seraient pas semblables l'un à l'autre.

» Seuls les êtres créés ressemblent à un être type, mais des êtres incréés et non engendrés ne pourraient avoir de ressemblance entre eux puisque, n'étant pas nés, ils n'auraient été formés sur aucun exemplaire ou image.

» L'essence de l'être absolu, c'est d'être impassible et indivisible, comme il est incréé et inengendré ; c'est aussi d'être universel et de remplir tout. S'il existait donc plusieurs dieux, ils ne pourraient occuper un seul et même lieu, et s'ils occupaient des lieux distincts, quels lieux occuperaient-ils donc puisque le Créateur de toutes choses pénètre dans tous les sens l'œuvre qu'il a faite.

» Et si vous êtes assez peu sensés pour dire que ces autres dieux pourraient occuper d'autres mondes, vous limitez du même coup le Dieu créateur et éternel qui ne peut être ni limité ni divisé. »

De là, Athénagore aborde de grands développements et enseigne le dogme de la Trinité.

Enfin, après avoir bien démontré que les chrétiens adorent

le Dieu unique, éternel, absolu, le seul qui puisse être Dieu
à l'exclusion de tous les autres qui ne sont que des illusions
et des créatures, après avoir exposé pleinement la foi des
chrétiens au Père créateur, au Fils rédempteur, au Saint-
Esprit sanctificateur dans l'identité absolue d'une même et
éternelle substance, il s'écrie triomphalement :

« Qui donc, après cela, pourrait sans étonnement nous
entendre accuser d'athéisme, nous qui adorons Dieu le Père,
Dieu le Fils, Dieu le Saint-Esprit, et qui affirmons leur égalité
de puissance dans l'unité et leur distinction dans l'ordre ! »

Jusqu'ici, le philosophe chrétien est resté, toutefois, dans
les limites de l'apologie, de la défense et de l'enseignement.
Mais, il va en sortir, changer de rôle et se faire accusateur à
son tour.

« Si les chrétiens, s'écrie-t-il, sont des athées parce qu'ils
adorent un Dieu différent de ceux des autres peuples, à leur
tour les peuples idolâtres sont des athées puisqu'ils ne
s'accordent pas entre eux pour adorer les mêmes divinités.

» Les païens sont des athées puisqu'ils adorent, les uns
des éléments créés, les autres des hommes divinisés par les
poètes, d'autres des statues inertes et insensibles.

» Quant aux Sages, ils n'ont jamais pu s'entendre sur
cette grande question de l'essence divine et de l'origine des
êtres.

» De quel droit donc, ferait-on aux seuls chrétiens un
reproche qui s'adresse à toutes les nations, à tous les siècles,
à tous les genres du paganisme ? Au contraire, les chrétiens
proclament cette vérité évidente, rationnelle, claire par elle-
même, qu'il n'y a qu'un Dieu, créateur de l'univers, qui a
donné par son Verbe l'existence à tous les êtres de l'univers.

» Nous ne sommes donc pas des athées !

» Mais on nous accuse d'autres infamies et la calomnie
espère nous épouvanter en armant les princes contre nous.

» Augustes empereurs, vous qui surpassez tant les autres

en intelligence et en sagesse, comme en puissance, il vous est facile de comprendre que des hommes dont la vie tout entière est un acte de conformité à la loi de Dieu, des hommes qui se font scrupule de la plus légère faute et qui se reprochent jusqu'à la pensée du mal, ne sauraient même seulement avoir l'idée de crimes pareils.

» Nous croyons que Dieu voit nos plus secrètes actions et scrute tous les mouvements de notre cœur; nous enseignons qu'il est toute lumière, que son regard perce les replis les plus cachés de la conscience; qu'il lit dans l'obscurité des ténèbres; nous faisons profession de croire qu'après cette vie, Dieu nous réserve ou d'éternels supplices, si nous avons été criminels, ou d'éternelles récompenses, si nous avons été vertueux. Est-ce que cette doctrine est compatible avec les horreurs dont on nous charge gratuitement?

» Gardez donc votre mépris et votre colère pour les Epicuriens!

» Il sied bien, en vérité, aux adorateurs d'un Jupiter, autant de fois infâme qu'il est possible de l'imaginer, de nous prêter les crimes qu'ils vénèrent dans la personne du plus grand de leurs dieux!

» Nous serons jugés pour des fautes de pensée et nous commettrions les crimes dont vous nous accusez!...

» D'ailleurs, tous les criminels peuvent espérer se soustraire aux lois humaines et jouir de l'impunité; mais nous, pouvons-nous espérer nous soustraire au jugement de notre Dieu qui voit tout et à qui rien n'est caché?

» Toutes nos ambitions se rapportent à la vie éternelle et nous n'avons que du mépris pour les jouissances de la vie présente et périssable.

» Parmi nous-mêmes, un grand nombre d'hommes et de femmes vieillissent dans le célibat pour se consacrer exclusivement à l'union avec Dieu. Or, une seule pensée coupable les fait déchoir de cet état de pureté.

» Jugez donc, puisque nous en fuyons jusqu'à la pensée, s'il est possible que nous autorisions le crime !

» Ce sont là des faits et vous pouvez les contrôler.

» Notre justification ne repose pas sur une théorie mais sur des actes. »

Alors, de sa plume âpre et sensée, Athénagore trace un tableau saisissant de l'immoralité païenne :

« Je vous ai dit ce que nous sommes, dit-il, je voudrais pouvoir me taire sur les mœurs de ceux qui nous accusent, car j'en rougis ! Cependant, je parlerai. »

Le philosophe chrétien montre, alors, le hideux tableau des passions païennes déchaînées et portant à tous les excès et à tous les crimes contre Dieu, contre le prochain et contre soi-même ; la violence, unique loi du fort contre le faible, comme sous un régime de bêtes fauves, les lois les plus sages foulées aux pieds et méprisées, et il s'écrie :

« Les gouverneurs envoyés par vous dans les provinces, ne suffisent pas à juger tant d'infamies, de crimes et de violences. Tels sont, pourtant, ceux qui nous accusent, nous à qui il a été dit par Jésus-Christ notre Dieu : « Si l'on vous frappe sur la joue droite, présentez encore la joue gauche. Bénissez ceux qui vous maudissent, faites du bien à ceux qui vous persécutent. »

» Nous passons, cependant, pour des anthropophages, pour des homicides, tout au moins.

» Et si l'on demande des témoins, tous se récusent. Et pourtant, beaucoup d'entre nous ont, dans leurs serviteurs, des témoins journaliers de leur vie à qui rien n'échappe. En a-t-on jamais trouvé un seul qui ait déposé contre nous et affirmé de tels crimes ?

» Et vos spectacles de gladiateurs et de bêtes féroces ! Nous voyez-vous jamais autoriser par notre présence des jeux où l'on égorge des hommes ? nous nous le reprocherions comme un péché, car, quelle différence y a-t-il entre commettre un meurtre ou prendre plaisir à le voir commettre?

» Et c'est vous, princes, qui autorisez de tels jeux !

» Rien n'épouvante ceux qui ne croient pas à l'immortalité de l'âme ni à la récompense et au châtiment dans une autre vie. Soit. Mais nous qui croyons fermement que l'âme est immortelle et que le corps lui-même ressuscitera pour partager ce châtiment et cette récompense, nous ne saurions supporter l'idée de commettre la faute même la plus légère. »

Après ce réquisitoire, Athénagore conclut avec raison :

« J'ai détruit les accusations portées contre nous, en produisant sous leur jour véritable, la piété, la douceur et la tempérance qui distinguent les chrétiens.

» A vous, maintenant, princes, qui êtes si dignes de gouverner, par votre bonté, votre modération, votre humanité, à vous qui joignez les dons de la science aux qualités naturelles, de donner à ma parole la sanction souveraine de votre assentiment.

» Qui saurait mériter d'être écouté plus favorablement que des hommes qui prient chaque jour pour la prospérité de votre empire, afin que, de père en fils, vous vous transmettiez le pouvoir et que votre domination sans cesse, agrandie, puisse embrasser l'univers ?

» Votre bonheur, lui-même, est notre intérêt, car il nous importe de mener une existence calme en vous rendant de grand cœur l'obéissance qui vous est due. »

IV

Malgré tant de voix éloquentes, tant d'appels à la justice, au nom des droits même les plus sacrés de l'humanité, la souffrance de l'Eglise continuait d'être atroce.

Dans tout l'empire le sang chrétien coulait à flots et la rage des païens semblait s'accroître d'autant.

Après l'Asie, les Gaules étaient ensanglantées.

Et, comme si ce n'était pas assez de tant de fureurs déchaînées, l'hérésie se joignit à la persécution pour entourer l'Eglise de tous les assauts et de toutes les douleurs.

La persécution paraissait suivre la marche des armées impériales qui, pendant dix ans, avec Marc-Aurèle à leur tête, parcoururent l'Illyrie, la Thrace, les Gaules et la Germanie, afin d'y dompter les barbares sans cesse en insurrection.

La Thrace eut de nombreux martyrs, elle devait donner un hérétique appelé Théodote de Byzance, corroyeur de son état et apostat par crainte des supplices.

Comme les fidèles de Byzance lui reprochaient sa lâcheté, il s'enfuit et vint à Rome, dans la pensée qu'il n'y serait pas connu.

Il se trompait :

Quelques-uns de ses compatriotes le reconnurent.

— Comment! lui dit l'un deux qui l'entendait interpréter d'une façon douteuse quelques passages des Écritures, c'est toi, Théodote! je ne me trompe pas! Et tu enseignes?...

— Sache, lui répondit effrontément Théodote, que je possède la science des Ecritures.

— Peux-tu parler ainsi! s'écria le fidèle; ne sais-tu pas que la connaissance des Ecritures est un don du Saint-Esprit qui ne saurait échoir à celui qui a renié son Dieu par crainte des supplices!

— Que dis-tu? s'écria Théodote, je n'ai pas renié Dieu, mais le Fils de l'Homme; en reniant Jésus-Christ, par nécessité, si j'ai commis une faute, je serai absous, car il est écrit que tout péché contre le Fils de l'Homme sera pardonné.

Théodote ne se faisait nullement illusion sur la grandeur de son crime, mais, comme tous les fourbes et les orgueilleux, il cherchait à abriter sous une doctrine blasphématoire la lâcheté de son apostasie.

Une horreur générale accueillit ses théories, parmi les fidèles de son temps, et cette hérésie devait être condamnée bientôt par le pape Victor et tous les Pères et les Docteurs devaient se lever contre elle, attestant, devant toute la postérité, la foi que l'Eglise avait, au IIe siècle, à la divinité de Jésus-Christ.

Cependant, un ennemi plus dangereux que Théodote allait se révéler soudain.

C'était Tatien, disciple de Justin, philosophe comme lui et illustre par ses vertus, sa science et ses écrits qui, jusqu'ici, avaient éclairé et défendu l'Eglise.

Tombé dans les plus absurdes erreurs du gnosticisme, il donna naissance à plusieurs sectes dont les doctrines ne furent pas moins funestes.

En même temps, retentissait une autre chute.

L'armée impériale buvait en combattant,
tandis que se passait un phénomène étrange. (P. 141.)

Bardesane, philosophe comme Tatien, apologiste et défenseur de la vérité contre toutes les hérésies, jouissait d'une telle réputation de gloire que les païens, eux-mêmes, l'admiraient.

Ils firent plus.

Ils lui envoyèrent un ambassadeur nommé Apollonius, favori de Marc-Aurèle, pour l'engager, par les plus séduisantes promesses, à quitter la religion chrétienne.

Avec une sainte fierté il répondit à ces avances :

— Je suis chrétien et je ne crains pas la mort parce qu'elle est inévitable même si je me rendais aux désirs de l'empereur.

Une telle attitude lui avait valu l'estime de tous les fidèles qui le citaient presque comme un confesseur de la Foi.

Il devait tomber d'autant plus bas qu'il s'était élevé plus haut.

Lui aussi, enseigna aux disciples que ses talents avaient séduits, les doctrines les plus contraires à l'orthodoxie de la Foi.

Son fils Harmonius mit ses erreurs en des vers que l'on chanta dans toute la Syrie,[1] et le plus fameux de ses disciples nommé Apellès alla porter les enseignements de son maître aggravés des siens propres, jusqu'à Alexandrie.

Puis, ce fut Montan qui parut, appelé par les Pères, l'épileptique et le démoniaque.

Convulsionnaire, il se prétendait agité par le Saint-Esprit et missionné pour élever d'un degré la foi chrétienne dans la perfection.

Son épilepsie devint bientôt contagieuse.

Il appelait ces soubresauts maladifs les caractères du

---

(1) Ces chants s'étaient tellement enracinés dans la mémoire et les habitudes du peuple de ces contrées que, deux cents ans après, S. Ephrem dut les extirper en y substituant des chants orthodoxes de sa composition.

don de prophétie qui ne devait jamais se perdre dans l'Eglise.

Montan se prétendait sacrilègement en possession de la plénitude de l'Esprit-Saint et disait que les apôtres n'en avaient reçu que des influences partielles au temps de la Pentecôte.

Après avoir prêché et enseigné d'innombrables folies doctrinales et fixé le siège de leur secte à Pepuza, petite ville de Phrygie qu'ils appelaient leur Jérusalem, ces hérétiques se répandirent dans toute l'Asie et fondèrent des églises jusqu'en Afrique, donnant naissance dans leur sein même à d'autres sectes plus absurdes encore.

Telles étaient : celle des *Priscilliens* qui appelaient des femmes aux fonctions sacerdotales; celles des *Artolyrites* qui célébraient les saints mystères avec du pain et du fromage pour rappeler, disaient-ils, la simplicité des patriarches; celle des *Trascodrugytes* ou *Pattalorhyncites* ainsi appelés parce qu'en signe de deuil et de pénitence, ils affectaient de poser le doigt incessamment sur leur nez; celle des *Ascites* ou *Ascodrytes* qui dansaient autour d'une outre gonflée de vent, symbole, disaient-ils, du Saint-Esprit.

Telles étaient les insanités qu'enfantait l'hérésie au grand scandale des faibles.

Les évêques émus de ces dangers et de ces scandaleuses innovations, résolurent de s'assembler pour les condamner.

Sérapion, évêque d'Antioche, Apollinaire, évêque d'Hiérapolis, Œlius Publius, évêque de Debetta fulminèrent contre ces insensés.

Montan, dans son orgueil, ne se soumit pas et finit misérablement en se donnant lui-même la mort avec sa prophétesse Maximilla, dans un de leurs accès épileptiques.

V

L'APOLOGIE DU TONNERRE.

Le temps des miracles n'était cependant point passé ; de toutes parts il s'en faisait encore sur la terre, dans les prétoires, les amphithéâtres et les prisons, et Jésus-Christ allait donner aux Romains ce « signe de l'air » qu'il avait refusé aux Juifs.

Le pouvoir des miracles éclatait alors, au contraire, dans l'Eglise, par les faits les mieux constatés.[1]

La résurrection des morts est un miracle ; il n'y avait pas encore bien longtemps que le Seigneur et les apôtres ressuscitaient des morts.

En ces jours même, il arriva que, plus d'une fois, une église réunie et demandant à Dieu, avec des jeûnes et des prières, de ressusciter un de ses membres, on vit le cadavre se ranimer et le mort rendu aux vœux des saints.[2]

Et ce n'étaient pas là de vains prestiges ou des opérations démoniaques, car les prophètes l'avaient prédit pour confirmer l'avènement et démontrer la divinité de Jésus-Christ.

(1) Eusèbe, *Hist. eccl*, l. v, ch. vii.
(2) D'après S. Irénée cité par Eusèbe. *ibid*.

Car, c'est au nom de Jésus-Christ Fils de Dieu, que ses vrais disciples exercent, chacun selon la grâce qu'il en a reçue, le pouvoir de faire des miracles.

Les uns délivrent réellement et sûrement les possédés du démon; d'autres sont favorisés de visions divines, de la prescience de l'avenir et du don de prophétie, d'autres, enfin, guérissent les malades et leur imposent les mains pour leur rendre la santé. Ils ressuscitent des morts.[1]

Enfin, il serait impossible d'énumérer toutes les grâces extraordinaires reçues dans l'univers entier par l'entremise de l'Eglise au nom de Jésus-Christ.

Ces dons gratuits sont gratuitement exercés. Dieu les accorde comme il lui plaît, et ses ministres les dispensent sans aucune espèce de rétribution.[2]

L'empire était prospère et à l'apogée de sa gloire. Cependant, les barbares ne demandaient, de toutes parts, qu'à secouer le joug qui pesait sur eux et à reconquérir leur autonomie.

Aussi, le souci des empereurs était-il de parcourir les diverses contrées soumises aux lois romaines, afin d'y refréner toutes les tentatives de rébellion.

C'était ainsi que toutes les tribus barbares de l'Illyrie jusqu'aux frontières de la Gaule, Marcomans, Norisques, Hermondures, Quades, Suèves, Sarmates, Latringes, Buriens, Vectobales, Costoboques, s'étaient levées en armes, et que Marc-Aurèle, ayant résolu de les réduire à l'obéissance, partit avec ses légions pour la Gaule.[3]

L'empereur avait une légion composée de soldats recrutés dans la province de Mélitine où tous les habitants étaient chrétiens, mais Marc-Aurèle l'ignorait.

(1) Et j'ai vécu moi-même, dit S. Irénée *(ibid.)* de nombreuses années avec quelques-uns de ces ressuscités.

(2) Eusèbe, *Hist. eccles.*, l. v, ch. vii, citation de S. Irénée.

(3) Enumération de peuples aujourd'hui disparus, faite par Julius Capitolinus. *(In Marc-Aurel.)*

L'empereur avait successivement battu en bataille rangée les Marcomans dont la tribu occupait les deux rives de l'Elbe (*Albis*) dans les monts Hercyniens, et les Iazyges établis à la fois sur le Tanaïs, le Borysthène et l'Ister.[1]

Après des exploits sans nombre et des périls courageusement affrontés, une lutte nouvelle et terrible s'était engagée contre la tribu barbare des Quades.

Près d'en venir aux mains, l'armée impériale se trouvait dans une situation telle qu'elle semblait devoir être complètement anéantie.

Les Quades, par une habile stratégie, avaient réussi à enfermer les Romains dans des défilés sans issue.

Les Romains déployaient inutilement leur bravoure dans des escarmouches quotidiennes; les barbares, supérieurs en nombre, évitaient soigneusement une bataille générale.

Ils s'étaient saisis d'avance de tous les passages et de tous les cours d'eau, dans l'espoir de faire périr les soldats de l'empire par la chaleur et par la soif, de sorte qu'il était impossible au camp impérial de se procurer une goutte d'eau.

Les Romains en étaient réduits aux plus affreuses extrémités.

Décimés par la maladie ou succombant à leurs blessures, hors de tout secours possible, ils demeuraient l'arme au bras, sous les rayons d'un soleil implacable, dévorés par les ardeurs de la soif sans pouvoir ni livrer bataille, ni sortir du lieu qui leur avait été assigné pour tombeau.

---

(1) Le Don, le Dnieper et le Danube. Cette tribu a laissé son nom au district actuel d'Iazygie, dépendant des États autrichiens dans le royaume de Hongrie entre le comitat de Pesth à l'ouest et celui de Leverch à l'est.

Les Quades établis à l'est des Marcomans étaient une division de la grande nation des Suèves. Ils occupaient la Moravie actuelle, c'est-à-dire les cercles de Brïenn, Olmutz, Hradisch, Prerau, Iglau, Znaïm qui, joints à ceux de Troppau et de Teschem forment la province autrichienne de Moravie et de Silésie (Darras.)

Ils ne leur restait plus qu'à mourir à leur poste.[1]

L'empereur regardait, atterré, ce douloureux spectacle, lorsqu'un de ses conseillers s'approchant de lui :

— César, dit-il, vois dans quelles extrémités se débat ton armée. Que feras-tu pour la sauver?

Marc-Aurèle lança un regard farouche autour de lui.

— Hélas, dit-il, que n'ai-je pas fait! Prières et sacrifices aux dieux protecteurs de l'empire n'ont rien changé à cette horrible situation. Vois-tu le moyen de la résoudre?

— Tu me permettras, César, de te faire remarquer qu'il y a dans ton armée une légion composée entièrement de ces hommes qu'on appelle des chrétiens. Ne penses-tu pas qu'il serait utile et profitable de leur demander de prier, à leur tour, leur Dieu de nous venir en aide?

— Oui, s'écria alors Faustine qui suivait l'empereur dans ses expéditions, il faut demander l'appui des chrétiens ; je les ai vu opérer de vrais prodiges sous mes yeux et c'est l'un d'eux qui a guéri notre fille.

— Soit, dit l'empereur qui, aussitôt, fit rassembler devant lui la légion chrétienne.

— Soldats, leur dit-il, quand ils furent rangés en ligne de bataille, on me dit que vous êtes chrétiens. Voyez à quelles extrémités est réduite l'armée qui va certainement périr en ce lieu cruel et néfaste. Priez donc votre Dieu de nous secourir et de nous sauver.

Alors, les soldats chrétiens se mirent tous dans la posture des *orantes*, et les yeux levés au ciel, les bras étendus en forme de croix, ils adressèrent, en chœur, à Dieu, une fervente et commune prière.

Aussitôt, le ciel ardent se voila de nuages insensiblement amoncelés, des flancs sombres desquels, des gouttes de pluie se mirent à tomber.

(1) Dion Cassius.

Les Romains, levèrent avidement la tête et aspirèrent, la bouche ouverte, ce breuvage miraculeusement versé.

Mais le ciel n'était point si avare.

En effet, bientôt, des torrents d'eau tombèrent des nues, emplissant les casques et les boucliers, abreuvant les chevaux et désaltérant les hommes.

A cette vue, les barbares pensant que l'occasion était bonne de se jeter sur une armée débandée occupée à boire, saisirent cet instant pour attaquer les troupes romaines avec furie.

Mais une grêle intense accompagnée de violents éclats de tonnerre fondit sur eux avec furie.

On vit alors des torrents d'eau et de feu se précipiter du haut du ciel.

L'armée impériale buvait, en combattant, tandis que se passait un phénomène étrange.

Les barbares, atteints par la foudre, étaient brûlés vifs. La foudre respectait, au contraire, les Romains, et, si la flamme en atteignait quelques-uns, elle s'éteignait aussitôt.

Au contraire, elle s'attachait aux seuls barbares avec une extraordinaire furie; la pluie, même, se changeait, pour eux, en une sorte d'huile bouillante qui dévorait leurs chairs.

Inondés par ces torrents de feu, ils cherchaient de l'eau pour en éteindre l'ardeur et l'on en voyait s'ouvrir les veines pour étancher avec leur sang cette combustion étrange, tandis que d'autres venaient chercher un refuge au milieu des Romains voyant que, là seulement, la pluie avait gardé sa qualité réfrigérante.

En voyant ce spectacle affreux, Marc-Aurèle eut pitié de ces malheureux et ordonna de leur sauver la vie.

Alors, pour la septième fois, sur le lieu même du prodige, et bien qu'il fût d'usage que ce titre ne fût accepté qu'après ratification du sénat, les légions l'acclamèrent

Imperator, tandis qu'ils proclamaient, en même temps, Faustine, *Mère des légions.*[1]

De son côté, Marc-Aurèle donnait à la légion chrétienne le titre de *Légion fulminante,* quoiqu'il y en eût déjà une de ce nom, mais parce que celle-ci avait vraiment mérité cette illustre appellation.

Cependant, la mauvaise foi du paganisme devait rendre à ses fausses divinités hommage et gloire de cet éclatant prodige et, deux cents ans plus tard, encore, un poète païen, par une adulation rétrospective, devait chanter le triomphe de Marc-Aurèle et le bienfait des dieux, dans des vers passés à la postérité et s'écrier, mêlant la vérité au mensonge :

— Tu reviens, clément empereur, appelé par les vœux du peuple à prendre place dans les temples que la patrie reconnaissante t'a élevés.

« Une pluie de flammes a dévoré l'ennemi ; les coursiers qui portaient les barbares ont senti leurs flancs consumés par un feu inextinguible ; le guerrier stupéfait, arrachait de sa tête son casque embrasé ; le fer des lances fondait au contact de la foudre et l'épée se vaporisait dans le fourreau.

» Ce fut un combat où le Ciel fit tout et ne voulut pas laisser aux mortels l'honneur de se servir de leurs armes.

» Les incantations magiques de la Chaldée avaient armé les dieux ou, plutôt, ta piété sublime, Marcus Aurélius, avait mérité cette faveur insigne de Jupiter tonnant.[2] »

A peine Marc-Aurèle avait-il parcouru la voie triomphale qui le menait au Capitole, que le sénat décrétait en son honneur l'érection de la colonne Antonine qui devait survivre à toutes les vicissitudes et voir, sur son faîte, la statue

______

(1) Dion Cassius.

(2) Claudien, poète païen. *In sexto Honorii Consulatu,* lib. i.

impériale céder plus tard le pas à celle de saint Paul que Sixte Quint y placerait.

Là le sculpteur tailla dans le marbre le vaste poème de toutes les gloires impériales, là il consacra une large et superbe page au miracle de la légion fulminante, afin que les siècles y vissent comment un prodige avait sauvé l'armée romaine, alors qu'elle allait périr dans les défilés déserts de la Germanie.

L'artiste — chrétien peut-être, — y montra dans la figure principale, un *Jupiter Pluvieux* les bras complètement étendus en forme de croix, attitude sans exemple, dans les autres sculptures païennes et rappelant exactement celle que les chrétiens prenaient pour prier, comme on le voit par les *Orantes* des catacombes. Ses ailes déployées dépassent la longueur de ses bras étendus ; ses longs cheveux partagés sur le milieu du front, à la mode juive, et retombant en boucles sur ses épaules et sa barbe immensément longue au point de vêtir le corps tout entier, sont semblables à celles des prophètes de l'Ancien Testament, tandis que la figure, elle-même, n'a rien du type olympien prêté à Jupiter par les Grecs et les Romains, mais, semble une tête échappée aux fresques des cimetières qui représentaient le Père éternel.

Des deux bras et des deux ailes de ce souverain personnage, s'échappent des torrents de pluie et des éclats de foudre qui partagent en deux parties fort distinctes, toute la scène.

A droite, les soldats de l'empire se ruent contre l'ennemi, garantis par leurs boucliers.

Au-dessus de leur tête que rafraîchit l'eau du ciel, en l'inondant de ses flots, les jets fulgurants du tonnerre s'arrêtent et se brisent avec une évidence toute providentielle et merveilleuse.

A gauche, le tonnerre ravage les rangs des barbares.

Ils tombent frappés par le feu du ciel, ils gisent étendus

et foudroyés, sans même que les armes romaines les aient atteints, tandis que l'effroi sème la confusion parmi leurs coursiers cabrés et bondissants, en proie à des convulsions invincibles.

. . . .

Rentré dans le secret de son cabinet d'études, Marcus Aurélius, le philosophe, fatigué des lourdes vanités de ses triomphes, écrit le premier chapitre de ses *Pensées*, et d'un calame reconnaissant, trace le titre de son cahier : « Faveurs que j'ai reçues du Ciel. »

Et il termine par ces paroles : « Tous ces événements heureux ne peuvent avoir d'autre source que la faveur des dieux providentiellement répandue. Ceci a été écrit dans le pays des Quades, sur la rivière de Gran, en Hongrie; c'est le premier recueil de mes pensées.[1] »

Le sang des martyrs, du plus obscur au plus illustre, allait encore couler avec l'assentiment d'un homme doué d'un des plus beaux génies philosophiques et sagement religieux de l'antiquité, et dont on ne peut lire les « *Pensées* » sans être saisi d'admiration.

Problème! diront les ignorants qui n'auront pas encore compris la raison de ces persécutions atroces, raison cachée et entièrement sacerdotale.

Le sacerdoce païen qui vivait de son infâme commerce de la divinité, rugissait comme un peuple de fauves qui sent sa proie quotidienne lui échapper pour toujours.

Il voyait, à grands pas, s'avancer le temps où la lumière de Jésus-Christ éclairant l'esprit du monde et des peuples, son imposture verrait tarir la source de ses sacrilèges revenus.

Alors, il se levait comme un seul homme contre Jésus-Christ et contre l'Eglise naissante, parce qu'il sentait passer

(1) Marc-Aurèle, *Pensées*, ch. ii.

sur lui un vent de justice qui allait transformer en stérile désert les champs féconds de son mensonge.

Désormais, on ne pourrait plus trafiquer de Dieu, en vendant comme des dons divins des impostures ténébreuses et sataniques, et le sacerdoce de l'ombre allait s'éclipser devant le nouveau et pur sacerdoce de la lumière, puissant de la puissance même de Dieu et auquel le divin Maître avait dit :

» Allez, prêchez, annoncez que le Royaume de Dieu est prochain.

» Vous guérirez les infirmes, vous ressusciterez les morts, vous purifierez les lépreux, vous chasserez les démons et vous vous souviendrez, qu'ayant gratuitement reçu votre pouvoir, c'est gratuitement que vous devrez en répandre les fruits.

» Vos poches seront pures d'or, d'argent ou de monnaie ; vous n'aurez qu'une tunique et n'emporterez, en votre route, ni besace ni chaussures, car quiconque est ouvrier est digne d'être sustenté par son travail lui-même.[1] »

La clef des persécutions est tout entière dans la rage du sacerdoce païen qui vivait de ses impurs autels d'où la foi nouvelle allait écarter à jamais les gras et plantureux tributs de l'ignorance et de l'imbécillité des peuples appelés à la régénération divine du Christ.

[1] Ev. selon S. Matthieu. — Voir le volume RÉDEMPTION.

VI

Le nom de Cécile, rayonne aux horizons lointains de l'histoire de l'Eglise comme une étoile de grâce, de noblesse, d'héroïsme et de pureté.

A lui seul, il suffit, en son histoire, pour montrer que la foi chrétienne comptait, à Rome, aux premiers siècles, des adeptes illustres choisis dans les plus hauts rangs de la société patricienne la plus distinguée.

— Quelles nouvelles, aujourd'hui? demandait un chrétien qui cheminait lentement, à la tombée du jour, sur les sentiers perdus menant à un præidium suburbain, en compagnie d'un autre chrétien

— Hélas! répondit ce dernier, toujours les mêmes nouvelles! la *Gens* Cœcilia est frappée dans un de ses membres chrétiens, elle le sera davantage encore. Ne connais-tu pas la *Gens* Cœcilia, une des plus illustres de Rome?

— Je suis étranger en cette ville et athénien d'origine, répondit le premier interlocuteur, renseigne-moi donc je te prie.

— Sache donc que la *Gens* Cœcilia, d'origine Etrusque, était déjà illustre au temps des rois de Rome, époque à laquelle le surnom de Metellus s'ajouta à leur nom.

« Que n'ont pas fait pour Rome ses glorieux ancêtres!
L'un répare les désastres de Scipion et de Régulus et, par la
victoire de Panorme qu'il remporte sur les Carthaginois,
assure l'heureuse issue de la première guerre punique.
Gardien des faisceaux consulaires, puis suprême pontife, il
sauve le Palladium alors que les Vestales, même, avaient fui
le temple devenu la proie des flammes, et, dans cet acte de
courage, il perd la vue.

» Le fils de celui-là donne à Rome Scipion l'Africain dont
il devine la valeur et qu'il envoie ruiner à jamais la fortune
de Carthage. Et Caton et Fabius avaient lutté en plein sénat
contre son choix éclairé!

» Un autre chef de l'une des deux branches de la famille
qui se partage, à cette époque, a soumis la Macédoine
révoltée et a reçu le titre glorieux de MACÉDONIQUE; il a
pacifié la Celtibérie et, préteur, contribué à l'épuration
des mœurs publiques. Ses quatre fils furent consuls,
généraux et triomphateurs; les Baléares, la Dalmatie,
la Numidie furent, par eux, étonnées de l'éclat du nom
Romain.

» Leur piété est légendaire dans l'histoire de Rome, et cette
famille ne donna jamais un rejeton indigne de la gloire de
ses aïeux.

» Toutes les hautes magistratures de l'Etat les hono-
rèrent à travers les siècles et ses soldats de fortune furent
aussi grands que ses consuls et ses pontifes.

» Quant aux femmes, une Cœcilia brille aux premières
pages de l'histoire de Rome. L'époque des rois était close
depuis bien des siècles, la République avait épuisé ses
destins, l'empire penchait vers sa ruine et le souvenir de
Caïa Cœcilia, femme de Tarquin l'Ancien était encore vivant
dans la mémoire romaine; sa statue était au Capitole, sa
quenouille garnie de laine et son fuseau se conservaient au
temple de Sangus et le temple de la Fortune gardait précieu-

sement la robe qu'elle avait tissée de ses mains pour Servius Tullius.[1]

» Tu connais au moins de nom, le magnifique tombeau qui abrite les cendres d'une Cœcilia Metella de glorieuse mémoire.

» Je ne saurais, certes, te raconter ni toutes les gloires des Cœcilii ni toutes les illustrations que cette grande race acquit par tant de nobles alliances à travers les siècles.

» Une Pomponia Attica dont Cicéron appréciait les jeunes vertus, ayant épousé Vipsanius Agrippa, ami et lieutenant d'Auguste, vit sa fille Vipsania Agrippina épouser Tibère et devenir la mère de Drusus César, le père même de cette Julie que Messaline fit périr en l'an 43 et dont la mort fut le moyen dont se servit la Providence divine pour amener à la foi chrétienne notre Lucine, l'illustre Pomponia Grœcina.

» Telle est la grande race qui a donné naissance, de nos jours, à la douce vierge chrétienne Cœcilia qui semble destinée par le Ciel à unir, en sa personne, l'ancienne Rome, en ce qu'elle a de plus noble et de plus pur, à la Rome nouvelle qui, à la suite de Cornélius Pudens et de Pomponia Grœcina, a déjà enrôlé dans ses rangs chrétiens, plus d'un membre de l'illustre *Gens* Cœcilia.

» Notre Cœcilia n'est pas une convertie, elle est née dans la foi de Jésus-Christ et en a été nourrie dès son berceau.

» Ses biens sont considérables comme ceux de tous les membres de sa famille et elle nourrit d'innombrables pauvres.

» Je te dirai même que les Cœcilii chrétiens ont fait entreprendre un nouveau cimetière sur la droite de la via Appia où ils ont une villa superbe entourée d'opulentes propriétés; la seule voie Ardéatine sépare ce cimetière de celui de Lucine.

---

(1) S. Jérôme a fait l'éloge de cette Cœcilia en la donnant comme le modèle de la vertu conjugale chez les gentils.

» Cependant, une nouvelle alliance avait mis en joie la maison des Cœcilii.

» Notre Cœcilia, obéissant au vœu de sa famille, avait épousé Valérianus de l'illustre *Gens* Valéria issue de Valérius Publicola. Famille glorieuse dans les annales romaines et dont les membres, plus d'une fois, dans le cours des âges, s'étaient unis aux Metelli.

» Valérianus était de la religion des idoles et c'était le chagrin de Cœcilia. Leurs noces se firent avec la pompe la plus fastueuse, chantée et célébrée par tous les concerts et les épithalames les plus harmonieux et les plus flatteurs.

» Mais quand le bruit eut cessé, Cœcilia parla à Valérianus et lui dit :

» — Jeune et tendre ami, j'ai un secret à te confier, jure-moi que tu le garderas avec respect.

» Valérianus l'avait juré.

» — Sache, reprit la vierge, qu'un ange de Dieu veille sur moi avec sollicitude et, selon que tu respecteras ou non ma virginité, cet ange t'aimera comme il m'aime et te prodiguera ses faveurs, ou sa colère s'allumant contre toi, tu succomberas sous les coups de sa vengeance dans la fleur même de ta brillante jeunesse.

» — Cœcilia, s'écria le jeune homme, vaguement touché par la grâce à son issu, si tu veux que je croie à ta parole, fais-moi voir cet ange et, si je le reconnais pour un ange de Dieu, je ferai ce que tu m'exhortes à faire, sinon, prends garde à ma colère.

» — Valérianus, reprit la vierge avec une douce autorité, si tu veux suivre mon conseil, si tu consens à être purifié dans les eaux de la fontaine qui jaillit éternellement, si tu veux croire au Dieu unique, vivant et véritable qui règne dans les cieux, tu pourras, alors, voir l'ange qui veille à ma garde.

» — Et quel est celui qui me purifiera afin que je voie ton ange ? reprit Valérianus.

» — Il y a, lui répondit Cœcilia, un vieillard qui purifie les hommes, après quoi, ils peuvent voir l'ange de Dieu. Sors de la ville par la via Appia, va vers la troisième colonne milliaire. Là, tu trouveras des pauvres qui demandent l'aumône à ceux qui passent, et qui me sont chers ; mon secret leur est connu. Quand tu seras près d'eux, tu leur donneras mon salut de bénédiction. Tu leur diras : Cœcilia m'envoie vers vous afin que vous me fassiez voir le saint vieillard Urbanus. J'ai un secret message pour lui. Arrivé en présence du vieillard, tu lui rendras les paroles que je t'ai dites ; il te purifiera et te revêtira d'habits nouveaux et blancs. A ton retour, en rentrant dans cette chambre où je te parle, tu verras le saint ange devenu aussi ton ami et tu obtiendras de lui tout ce que tu lui demanderas.

» Le jeune Romain, obéissant comme un enfant, se met en marche sans réplique et trouve toutes choses comme Cœcilia les lui avait décrites.

» Le vieillard, alors, ravi de joie s'écrie, les bras levés au ciel :

» — Seigneur Jésus-Christ, auteur des pures résolutions, recevez le fruit de la divine semence que vous avez mise dans le cœur de Cœcilia. Bon Pasteur, Cœcilia, votre servante, comme une éloquente brebis, a rempli la mission que vous lui aviez confiée. Cet époux qu'elle avait reçu semblable à un lion impétueux, elle en a fait en un instant le plus doux des agneaux. Si Valérianus ne croyait pas déjà, il ne serait pas venu jusqu'ici. Ouvrez, Seigneur, la porte de son cœur à vos paroles, afin qu'il reconnaisse que vous êtes son créateur et qu'il renonce au démon, à ses pompes et à ses idoles.

» Comme Urbanus priait encore, un vénérable vieillard apparut aux yeux du jeune homme ; vêtu d'une robe éclatante comme la neige, l'apôtre des gentils, le grand Paul, car c'était lui, ouvrit un livre écrit en lettres d'or et dit à Valérianus prosterné et en proie à une vive terreur :

» — Relève-toi; lis les paroles de ce livre et crois; tu mériteras, alors, d'être purifié et de contempler l'ange dont la très fidèle vierge Cœcilia t'a promis la vue.

» Et Valérianus lut ces paroles :

« Un seul Seigneur, une seule Foi, un seul Baptême, un seul Dieu, Père de toutes choses qui est au-dessus de tout et en nous tous.[1] »

» Alors, le vieillard lui dit :

» — Crois-tu qu'il en est ainsi?

» — Rien de plus vrai, sous le ciel, s'écria alors Valérianus, rien qui doive être crû plus fermement.

» Le vieillard avait disparu. Urbanus s'empressa de donner au jeune converti le symbole de la foi, le baptisa sur l'heure, puis, le fit participer aux mystères et lui dit de retourner auprès de Cœcilia.

» Il y arriva, revêtu encore de la blanche robe des Néophytes. Cœcilia priait et, près d'elle, l'ange du Seigneur, au visage éclatant de mille feux, tenait dans ses deux mains deux couronnes entrelacées de lys et de roses. Il en posa une sur la tête de Cœcilia, l'autre sur celle de Valérianus.

» — Méritez par votre pureté, dit-il, de conserver ces couronnes. Ces fleurs incorruptibles et célestes ne se faneront point et leur parfum restera suave. Nul ne les verra sur vos fronts qu'il n'ait mérité comme vous. Valérianus fais-moi une prière, afin que je la porte au Christ Fils de Dieu.

» — Je réduirai mes vœux à un seul, répondit Valérianus. Rien ne m'est plus doux ici-bas que l'affection de mon frère Tiburtius. Je supplie le Christ de le délivrer comme il m'a délivré moi-même et de nous rendre tous deux parfaits dans la confession de son Nom.

» — Tu as, répondit l'ange, demandé une grâce que le Christ est encore plus empressé de t'accorder que tu ne l'es

(1) Epître aux Ephésiens, IV.

toi-même de la désirer; de même qu'il a gagné ton cœur par Cœcilia sa servante, ainsi, toi-même, tu gagneras le cœur de ton frère et, tous deux, vous cueillerez la palme du martyre!

  » L'ange disparut.

  » Quelque temps après, la porte s'ouvrit et Tiburtius entra.

  » — D'où vient ce suave parfum de lys et de roses, en cette dure saison, Cœcilia? demanda-t-il.

  » — C'est moi, répondit Valérianus qui ai obtenu pour toi de sentir cette suave odeur. Si tu veux croire, tu mériteras même de voir de tes yeux les fleurs dont elle émane; c'est alors que tu connaîtras celui dont le sang est vermeil comme les roses et dont la chair est blanche comme les lys. Cœcilia et moi nous portons des couronnes que tes yeux ne peuvent apercevoir encore; les fleurs dont elles sont faites ont l'éclat de la pourpre et la pureté de la neige.

  » — Est-ce un songe ou parles-tu selon la vérité? demanda Tiburtius.

  » — Jusqu'ici, répondit l'époux de Cœcilia, notre vie n'a été qu'un songe; maintenant, nous sommes dans la vérité et il n'y a rien de menteur en nous, car les dieux que nous adorions ne sont que des démons.

  » — Comment le sais-tu? demanda Tiburtius.

  » — L'ange de Dieu, répondit Valérianus, m'a instruit et tu pourras voir toi-même cet esprit bienfaisant, si tu veux te purifier de la souillure des idoles.

  » — Et combien de temps, reprit Tiburtius, devrai-je attendre cette purification qui me rendra digne de voir l'ange de Dieu?

  » — Elle sera prompte, reprit Valérianus, jure-moi seulement que tu renonces aux idoles et confesse qu'il n'est qu'un seul Dieu dans les cieux.

  » — Je ne comprends pas, dit Tiburtius, à quelle fin tu exiges cela de moi.

»Alors, Cœcilia prit, à son tour, la parole, et, victorieusement mais progressivement, empruntant des arguments à la
culture profonde de son esprit nourri des Prophètes, des
Évangiles et des apologies, elle arrache ce cri à Tiburtius :

» — Oui, il en est ainsi! Quiconque ne le comprend pas
est une brute.

» — C'est aujourd'hui, s'écria Cœcilia, en le serrant dans
ses bras, que je te reconnais pour mon frère! Bientôt, tu vas
croire et tu verras les anges, après avoir obtenu le pardon de
tes fautes.

» Quand il sût qu'Urbain devait être son initiateur :

» — N'est-ce pas, dit-il, cet Urbain que l'on dit chrétien,
condamné déjà deux fois et qui en est réduit à se tenir caché?
S'il est découvert, il sera livré au bûcher et nous partagerons
son sort. Pour avoir voulu chercher une divinité qui se cache
dans les cieux, nous rencontrerons sur la terre un supplice
cruel.

» Tiburtius, si prompt à mépriser l'imposture des idoles,
croyait encore à la vanité de la vie et Cœcilia dut s'efforcer de
lui faire comprendre que cette vie n'est rien en comparaison
de la vie éternelle.

» — Certes, dit Tiburtius, mais, qui donc est allé dans la
vie éternelle dont tu me parles et en est revenu nous dire ce
qui s'y passe? Sur quel témoignage pouvons-nous y croire?

» Cœcilia, alors, dit avec une grave majesté :

» — Le Créateur du ciel, de la terre et des mers, l'auteur
du genre humain et de tous les êtres que nous voyons, a
engendré de sa propre substance un Fils, avant toute création, et il a produit, par sa vertu divine, l'Esprit-Saint; le
Fils par lequel il devait créer toutes choses et l'Esprit-Saint
par lequel il les vivifie. Tout ce qui existe, le Fils de Dieu
engendré du Père, l'a créé; tout ce qui est créé, l'Esprit-
Saint, qui procède du Père, l'a animé.

» — Comment! s'écria Tiburtius, tout à l'heure tu disais

que l'on ne doit croire qu'à un seul Dieu, et en voici trois!

» — Il n'y a qu'un seul Dieu, en effet, Un dans sa majesté ; si tu veux concevoir comment il existe dans une Trinité sainte, figure-toi un homme possédant la sagesse par laquelle il exerce son génie, sa mémoire et son intelligence. A-t-il, pour cela, trois sagesses ? Non, il n'a que trois facultés dans la même et unique sagesse. N'hésitons donc pas à reconnaître une Trinité majestueuse dans l'essence unique du Dieu tout-puissant.

» Tiburtius comprit et s'écria aussitôt :

» — O Cœcilia! la langue humaine ne saurait expliquer de si mystérieuses et lumineuses choses. Valérianus, je confesse le mystère d'un seul Dieu et ne désire qu'une chose, entendre la suite de ce discours, afin de m'instruire autant qu'il est possible.

» — C'est à moi, Tiburtius, qu'il appartient de t'instruire, reprit alors Cœcilia ; ton frère, encore revêtu de la robe blanche, n'est pas en mesure de répondre à toutes tes questions, mais moi, instruite dès le berceau dans la sagesse du Christ, tu me trouveras prête.

» — Eh bien! dit Tiburtius, je demande quel est celui qui vous a fait connaître cette autre vie dont vous me parlez tous deux.

» Alors, Cœcilia entreprit de raconter à Tiburtius toute l'histoire évangélique de Jésus-Christ sur la terre, son enseignement, ses promesses, ses miracles, la vue aux aveugles, la santé aux infirmes, la résurrection même aux morts, l'expulsion des démons hors des possédés. Enfin, son abnégation, son sacrifice et sa cruelle passion ; puis, les miracles qui accompagnèrent au ciel et sur la terre l'agonie du Fils de Dieu sur la Croix.

» — Voilà pourquoi, à son exemple, ajouta-t-elle, nous nous réjouissons des persécutions et des souffrances subies en son nom. Ses disciples, d'ailleurs, ont opéré et opèrent tous les jours encore, par leur foi, les mêmes miracles que lui. Or, celui qui a la foi dans le Fils de Dieu et qui s'attache à ses commandements, ne sera pas même touché par la mort en se dépouillant de son corps périssable, mais il sera reçu dans la vie bienheureuse par les saints Anges. La mort s'unit au démon pour distraire les hommes et les enchaîner par mille affections à la vie présente, afin que leurs âmes, à la sortie du corps, soient trouvées entièrement nues et n'ayant sur elles que le poids de leurs péchés. Je n'ai fait que toucher, en te parlant, les points les plus saillants d'un aussi vaste sujet, Tiburtius, mais, si tu veux m'entendre davantage, je suis prête.

» Mais le jeune homme pleurait.

» — Oh! s'écria-t-il, si jamais mon corps et ma pensée s'attachent à la vie présente, je consens à ne pas jouir de celle qui doit lui succéder. Que les insensés recueillent, s'il leur convient, les avantages du temps qui passe, moi qui, jusqu'à cette heure, ai vécu sans but, je ne veux plus qu'il en soit ainsi.

» Et, se tournant vers son frère :

» — Cher frère, dit-il, prends pitié de moi et, sans délai, conduis-moi à l'homme de Dieu, afin qu'il me purifie et me rende participant de cette vie dont le désir me consume!

» En hâte, donc, ils se rendirent auprès d'Urbain et lui racontèrent ce qui s'était passé.

» Le saint évêque reçut Tiburtius avec allégresse et lui conféra le sacrement de la vie nouvelle; l'onction du Saint-Esprit le consacra soldat du Christ et il participa au banquet mystérieux où il goûta le pain divin dont Valérianus lui avait révélé l'harmonie ineffable avec le lys et la rose.

» Sept jours après, il quittait le vieillard et venait retrouver son frère et Cœcilia, prêt, maintenant, comme eux, à toutes les luttes et à tous les sacrifices.

» — Tu sais, continua le chrétien à son compagnon qui

l'écoutait avec un avide intérêt, quelles hécatombes de nos frères ont eu lieu récemment sur la via Appia, près des cimetières de Pretextatus et de Lucina et non loin de celui que l'on a entrepris de creuser aux frais des Cœcilii chrétiens.

» Le préteur Turcius Almacius, tu le sais, non content de torturer nos frères, voulait encore que leurs corps demeurassent sans sépulture.

» Valérianus et son frère, animés par Cœcilia, se dévouèrent à recueillir les restes des martyrs avec respect et vénération, rachetant souvent à prix d'or ces corps immolés pour Jésus-Christ, n'épargnant rien, en un mot, pour que la sépulture complète leur fut donnée. Ils recherchaient, pour les réunir, les membres épars, recueillaient le sang répandu et rachetaient jusqu'aux instruments du supplice. C'est ainsi que ces riches de la terre vénéraient les pauvres, martyrs de Jésus-Christ et riches du Ciel, versant, en outre, d'abondantes aumônes dans le sein de leurs familles, privées souvent de soutien par la mort de leurs chefs. »

: — Nobles frères, s'écria le chrétien ému, je baiserai la trace de leurs pieds !

— Hélas ! soupira le narrateur, ils ne sont plus parmi nous, ils sont entrés depuis hier dans l'éternel héritage. Seule, Cœcilia reste. C'est par elle que nous avons pu rédiger les actes de leur martyre dont j'ai été l'un des *notarii* et que je puis te donner ces détails.

— Continue, je t'en prie.

Ils s'assirent à l'écart près d'une grotte fraîche et déserte, et le *notarius* poursuivit en ces termes.

VII

— Cependant, Cœcilia aidait à l'ensevelissement des restes sacrés que ses deux frères recueillaient avec tant de pieuse sollicitude.

« Ceux-ci ne tardèrent pas à être dénoncés à Almachius pour leurs aumônes et leur infraction à sa défense d'inhumer les corps des martyrs.

» Mais Almachius n'avait pas l'intention de sévir contre des jeunes gens qui portaient les noms les plus illustres du patriciat romain. Il ne voulait que les intimider et obtenir une satisfaction pour leur désobéissance à ses ordres.

» — Comment, leur dit-il, vous qui, par votre naissance, avez droit au titre de *clarissimes,* pouvez-vous montrer une dégénérescence telle que de vous associer à la plus superstitieuse des sectes? Il paraît que vous dissipez votre fortune en profusions sur des gens de condition infime et que vous allez jusqu'à rendre des honneurs funèbres à des criminels justement châtiés. Sont-ils donc vos complices pour que vous les traitiez ainsi?

» — Plût au Ciel, répondit Tiburtius, que ceux que tu appelles nos complices, daignassent nous prendre pour leurs serviteurs! Ils ont le bonheur de mépriser ce qui paraît être quelque chose et n'est rien; par leur mort, ils sont entrés en possession de ce qui paraît n'être rien et qui est pourtant la seule réalité. Puissions-nous les imiter et marcher sur leurs traces!

» Déconcerté, Almachius chercha à détourner la conversation.

» — Dis-moi donc, Tiburtius, quel est le plus âgé de vous deux?

» — Notre âge, répondit le jeune homme, n'est pas différent; le Dieu unique, saint et éternel, nous a rendus tous deux égaux par sa grâce.

» — Eh bien! dit Almachius, dis-moi, alors, ce que c'est qui paraît être quelque chose et n'est rien.

» — Tout ce qui est en ce monde, dit le jeune homme, et entraîne les âmes à la mort éternelle, gouffre des plaisirs trompeurs de la vie.

» — Maintenant, dis-moi, reprit le préteur, qu'est-ce qui paraît n'être rien et qui est, néanmoins, la seule réalité?

» — C'est, dit Tiburtius, la vie future pour les justes et le supplice futur pour les injustes. Nous nous arrêtons sur des objets du temps; mentant à notre propre conscience, nous osons flétrir ce qui est bien avec les termes du mal et honorer le mal des couleurs du bien.

» — Je suis sûr que tu ne parles pas selon ton esprit, dit le préteur.

» — C'est vrai, je parle selon l'esprit de Jésus-Christ.

» — Sais-tu même ce que tu dis? dit Almachius impatienté.

» — Et toi, dit Tiburtius, sais-tu ce que tu demandes?

» — Jeune homme, dit le préteur, tu es exalté.

» — Non, dit Tiburtius, j'ai appris, je sais, je crois à la réalité de mes paroles.

» — Je ne comprends pas et ne puis entrer dans ces idées, dit le préteur.

» — C'est, dit Tiburtius, que l'homme animal ne perçoit pas

Ses yeux inondés de larmes s'arrêtèrent sur Cœcilia,
pur agneau expirant sur ce marbre comme sur un'autel. (P. 171.)

les choses qui sont de l'esprit de Dieu; mais l'homme spirituel juge toutes choses et n'est jugé lui-même par personne.

» Almachius, cependant, ne voulant pas laisser le jeune patricien se compromettre davantage, ordonna qu'on l'écartât et qu'on amenât Valérianus.

» — Valérianus, lui dit-il, ton frère n'a pas la tête saine, toi, du moins, tu me donneras une réponse sensée.

» — Je ne connais qu'un médecin, dit Valérianus, il soigne nos deux têtes en nous communiquant à mon frère et à moi sa propre sagesse, c'est le Christ, Fils du Dieu vivant.

» — Allons, dit Amalchius, sois plus sensé.

» — Ton oreille est faussée, répondit le jeune homme, tu ne peux pas nous entendre.

» — Allons donc, s'écria le préteur, c'est vous qui êtes insensés de laisser les choses utiles pour des folies. Vous n'aimez que ce qui est opposé au bien-être et aux plaisirs.

» — Tu nous traites de fous, parce que nous répandons nos richesses dans le sein des pauvres, et que nous secourons tous les malheureux et recueillons les restes des martyrs. Un temps viendra où nous recueillerons le fruit de nos privations. Nous nous réjouirons, alors, et ceux qui tressaillent de joie maintenant, pleureront. La vie présente nous est donnée pour semer; quiconque sème dans la joie moissonnera dans le deuil; ceux qui sèment dans les larmes recueilleront une allégresse infinie.

» — Ainsi, s'écria Almachius, nous et nos illustres princes subirons un deuil éternel, tandis que vous seuls serez heureux?

» — Et qui êtes-vous donc, vous et vos princes? s'écria Valérianus, des hommes nés au jour marqué pour mourir de même. Vous aurez à rendre à Dieu, un compte rigoureux de votre pouvoir.

» Le préteur engagé ne pouvait plus reculer devant le délit de ces paroles qui offensaient l'empereur.

» — Assez de discours, dit-il, et, sans perdre davantage de

temps, offrez tout simplement des libations aux dieux et je vous renverrai sans vous infliger aucune peine.

» — Tous les jours, répondirent les deux jeunes gens, nous offrons nos sacrifices à Dieu, mais non aux dieux.

» — De quel Dieu parlez-vous? Dites-moi son nom?

— Tu ne saurais le découvrir, dit Valérianus, eusses-tu des ailes et si haut que tu pusses aller.

» — Ce n'est donc pas Jupiter?

» — Jupiter est un libertin, un vicieux, un homicide au dire même de vos poètes. Il ne saurait mériter le nom de Dieu, qui ne convient qu'à qui possède pleinement toute vertu.

» — Ainsi, le monde entier est dans l'erreur, toi seul et ton frère connaissez la vérité? dit le préteur.

» — Ne te fais pas illusion, s'écria Valérianus, car tu ne saurais nombrer déjà les chrétiens dans l'empire. C'est vous qui ne serez bientôt que des épaves vouées au feu.

» Irrité, Almachius ordonna que Valérianus fut flagellé.

» Cependant, préteur et assistants étaient aussi perplexes de la tournure que prenait cette cause par la maladresse d'Almachius qui avait si sottement provoqué un crime capital là où il n'y avait qu'un mince délit de police.

» — Que faire? dit Almachius à son assesseur.

» — Applique la loi rigoureusement, répondit celui-ci, si tu les relâches aujourd'hui, quand tu les retrouveras, plus tard, ils auront dépensé tout leur argent; saisis l'occasion, elle est bonne, autrement tu n'auras rien à toucher sur la confiscation.

» Almachius se rendit à ce conseil et ordonna que les deux frères fussent menés au temple de Jupiter qui se trouvait sur la via Appia à l'entrée du *Pagus Triopius* et que, s'ils refusaient d'y brûler de l'encens, ils eussent la tête tranchée. Maxime, le greffier, fut chargé du reste. En route, il leur dit avec compassion :

» — O noble fleur de la jeunesse romaine, vous obstinerez-

vous donc dans le mépris des dieux et, sur le point de tout
perdre, courrez-vous à la mort comme à une fête?

» — Crois-tu, lui dit Tiburtius, que nous serions si joyeux si
nous n'étions pas sûrs qu'une vie éternelle succède à celle-ci?
Comme les vêtements couvrent le corps, le corps couvre l'âme,
et quand elle le quitte comme un vêtement, si elle est pure,
elle attend dans les délices du ciel la résurrection de son
corps qui se fera, comme celle du phénix, à la lumière qui va
se lever.

» Maxime était touché, il était prêt, soudain, à admettre
cette vérité, il en demandait la preuve.

» — Persuade aux licteurs de nous mener à ta maison, dit
Valérianus, et de nous y garder à vue pendant un jour. Nous
ferons venir celui qui doit te purifier et, dès cette nuit, tu
verras avec certitude ce que nous t'avons promis.

» Maxime accepta et les deux frères, sans perdre de temps,
parlèrent si éloquemment, que la famille du greffier et les
soldats eux-mêmes voulaient croire en Jésus-Christ.

» Par les soins de Cœcilia, la nuit venue, des prêtres vinrent
et répandirent sur leurs têtes l'eau qui purifie et renouvelle
les âmes.

» Quand parut l'aurore :

» — Allons, s'écria Cécile, soldats du Christ, rejetez les
œuvres de ténèbres et revêtez-vous de lumière. Marchez à la
couronne de vie que le juste Juge va vous donner à vous et à
tous ceux qui se réjouissent de son avènement.

» La troupe se mit en marche vers le *Pagus Triopius*, conduite par Maxime et escortée par les soldats, tous chrétiens.

» Les prêtres de Jupiter attendaient, l'encens à la main,
sous le péristyle du temple.

» Les deux frères, refusant de sacrifier, se mirent d'eux-
mêmes à genoux et présentèrent leur tête aux licteurs.

» Leurs corps furent facilement soustraits et rendus à
Cœcilia, qui les déposa avec amour et vénération dans le

cimetière de Prœtextatus qui s'ouvrait de l'autre côté de la via Appia.

» Maxime chanta la gloire des deux frères et publia qu'il avait vu leurs âmes sortir de leurs corps, parées comme des fiancées, et des anges éclatants comme des soleils les recevoir à l'abri de leurs ailes étincelantes.

» Son récit convertit beaucoup d'idolâtres tant il était empreint de sincérité et de conviction. Cependant, Almachius, irrité, vient d'ajouter son nom à la liste de nos martyrs. Assommé par des fouets plombés, il a été enseveli par Cœcilia, elle-même, près de Valérianus et de Tiburtius. »

— Temps affreux ! murmura celui qui écoutait ce récit. Dieu conserve la noble et sainte Cœcilia parmi nous !

— Oui ! *vale*, et que la paix de Jésus-Christ soit avec toi !

— Et avec ton esprit !

VIII

CŒCILIA.

La haute aristocratie romaine était étrangement émue par cet événement, et cette émotion avait gagné l'empereur qui n'avait pas osé appliquer la loi de confiscation aux biens des martyrs dont Cœcilia héritait.

Cependant, de telles richesses étaient tentantes et les intéressés rêvaient au moyen de se les approprier sans conteste. Pour cela, on amènerait Cœcilia à se compromettre sans bruit, et, en torturant la loi, on arriverait à la dépouiller de sa fortune.

Almachius, dans ce but, au lieu de la citer devant lui, lui envoya des officiers de son tribunal, au palais même qu'elle habitait au Transtévère.

Dès qu'elle les vit venir :

— Sachez, leur dit-elle, que je n'ai aucune attache à cette vie et que je tiens pour glorieux de souffrir au nom du Christ tous les tourments. Je vous plains, vous qui êtes encore jeunes, d'avoir le malheur d'obéir à un juge plein d'injustice.

En l'entendant, les officiers d'Almachius gémirent de voir une jeune dame si belle, si sage et si noble, courir volontairement à la mort avec tant d'empressement.

Cœcilia leur parla si éloquemment, qu'elle les subjugua et fit éclater en eux la plus vive émotion.

Alors, dans un transport de zèle, la fille des Cœcilii monta sur une des bornes de marbre du palais, car elle était de petite taille, et s'écria à tous ceux qui étaient là :

— Croyez-vous ce que je viens de vous dire?

— Oui! s'écrièrent-ils tous à la fois, nous croyons que le Christ, Fils de Dieu, qui possède une telle servante est le Dieu véritable!

— Allez donc, dit Cœcilia, priez ce malheureux Almachius de retarder quelque peu mon martyre. Pendant ce délai, vous reviendrez ici et j'y aurai fait venir quelqu'un qui vous rendra participants de la vie éternelle.

Almachius, à qui la demande de Cécile fut immédiatement transmise, y accéda.

De son côté, Urbanus prévenu, accourut. Les appariteurs d'Almachius, un grand nombre de transtibérins, reçurent de ses mains l'ablution régénératrice.

Un dernier soin préoccupait Cœcilia, c'était celui d'assurer à l'Église la possession de son palais. Elle choisit un patricien clarissime, nommé Gordianus, auquel elle le transmit par contrat.

Urbanus était encore sous le toit du palais des Valeriani, lorsque Cæcilia reçut l'ordre de comparaître devant le préteur.

On était à la veille des Ides de septembre.

Cœcilia se revêtit de ses plus riches habits et se rendit au tribunal situé au Champ de Mars près de l'amphithéâtre de Statilius Taurus.

En voyant arriver la noble patricienne dans sa robe brochée d'or, Almachius frémit involontairement et feignant une placidité qui n'était pas dans son cœur :

— Jeune fille, dit-il, quel est ton nom?

— Cœcilia.

— Quelle est ta condition?

— Libre, noble, clarissime.

— C'est sur ta religion que je t'interroge.

— Ta question était imprécise.

— D'où te vient cette assurance?

— D'une conscience pure et d'une foi sans déguisement.

— Ignores-tu quel est mon pouvoir?

— C'est toi qui l'ignores. Interroge et je te montrerai la vérité évidente.

— Je serai charmé de t'entendre; parle.

— La puissance de l'homme est une outre gonflée de vent. Une simple piqûre d'aiguille et elle se vide.

— Tu as débuté par l'injure et tu poursuis sur le même ton.

— Convaincs-moi de fausseté, je reconnaîtrai l'injure, autrement tu me calomnies.

Le grossier préteur qui n'avait rien de l'éducation patricienne des personnages consulaires, poursuivit :

— Ignores-tu donc que nos maîtres impériaux ont ordonné de punir ceux qui se disent chrétiens et d'acquitter les autres?

— Vos empereurs, dit Cœcilia, se trompent et toi avec eux. Cet ordre atteste votre cruauté seule et notre innocence. Si le nom de chrétien était un crime, ce serait à nous de le nier et à vous de nous obliger à le confesser dans les tourments.

— Mais, dit Almachius, c'est, au contraire, par clémence, que les empereurs en ont ainsi ordonné. Ils ont voulu ainsi vous permettre de sauver votre vie.

— Est-il une conduite plus impie et funeste aux innocents que la vôtre? demanda Cœcilia. Vous employez les tortures pour obtenir des criminels l'aveu de leur crime et de ses circonstances ; le nôtre est dans notre nom seul et vous nous savez innocents. Mais, nous connaissons la grandeur de notre nom sacré et ne pouvons le renier. Mieux vaut mourir pour être heureux que vivre pour être misérables. Vous voulez nous amener à mentir, mais, en attestant la vérité, c'est nous qui vous infligeons la plus cruelle punition.

— Choisis, dit le préteur. Sacrifie ou nie que tu sois chrétienne et tu pourras te retirer en paix.

La fière patricienne sourit avec pitié.

— Quelle humiliation pour un magistrat! dit-elle; il veut que je renie un titre qui témoigne de mon innocence et que je commette un mensonge! Il consent à m'absoudre et il est prêt à me condamner! Il paraît ne rien voir et rien n'est plus précis que son regard! Si tu désires condamner, pourquoi invites-tu à nier le délit, sinon, pourquoi ne fais-tu pas une enquête?

— Voici les accusateurs, dit le préteur, ils déposent que tu es chrétienne. Nie et toute accusation est anéantie. Si tu persistes, tu reconnaîtras ta folie, quand tu auras à subir la sentence.

— Cette accusation comble mes vœux, s'écria Cœcilia, et ta sentence sera mon triomphe. Ne me taxe pas de folie, reproche-toi plutôt d'avoir pu croire que tu me ferais nier le Christ!

— Malheureuse femme! ignores-tu donc que nos divins empereurs m'ont donné pouvoir de vie et de mort? Oses-tu me parler avec tant d'orgueil?

— Orgueil et fermeté sont deux, dit Cœcilia. Nous tenons l'orgueil pour un crime. Si tu ne craignais pas d'entendre encore une vérité, je te prouverais la fausseté de ton dire.

— Qu'ai-je dit de faux?

— Que les princes t'ont donné pouvoir de vie et de mort. Tu as menti contre l'évidence la plus claire.

— Explique-toi.

— Tu sais bien, en effet, que tu n'as que le pouvoir de mort. Tu peux ôter la vie à ceux qui l'ont, non la rendre à ceux qui en sont privés. Dis donc que les empereurs ont fait de toi un ministre de mort et rien de plus, si tu ajoutes autre chose tu mens et tu mens en vain.

— Assez d'audace! s'écria le préteur. Sacrifie aux dieux!

Et Almachius désigna les statues des idoles qui remplissaient la salle du tribunal.

— Je ne sais, dit Cœcilia, ce qui est arrivé à tes yeux, ni où et comment tu en as perdu l'usage. Il suffit, en effet, de voir clair, pour s'apercevoir que les dieux dont tu parles sont de la pierre, du bronze ou du plomb.

— J'ai dédaigné tes insultes en philosophe, dit alors le préteur, mais je ne puis supporter que tu injuries les dieux.

— Depuis que tu parles, dit la clarissime patricienne, tu n'as ouvert la bouche que pour dire des paroles injustes, nulles et déraisonnables. Voilà maintenant que tu te montres aveugle en appelant des dieux ces choses que, tous, nous voyons être des pierres inutiles. Mais, touche les donc avec tes mains, tu en seras convaincu ! Pourquoi t'exposes-tu à la raillerie des gens intelligents ? Tout le monde sait que Dieu est au ciel. Quant à ces statues, on ne peut les utiliser qu'à faire de la chaux. Leur oisiveté les ronge et, si on les mettait au four, elles ne sauraient s'y opposer, pas plus que tu ne saurais te soustraire, toi-même, à ta perte. Le Christ seul, sauve de la mort et délivre du feu éternel l'homme coupable.

Almachius et ses suppôts avaient bien prévu l'issue d'un procès qui devait avoir dans toute la ville un grand retentissement et tous étaient perplexes, car ils n'osaient faire périr par la hache une aussi clarissime personne.

Pour éviter l'éclat et le tumulte, il fut décidé que Cœcilia périrait, non par le glaive, mais étouffée dans le *caldarium* de sa propre demeure. On l'y enfermerait, et, au moyen du feu qu'on entretiendrait violent dans l'hypocauste, la noble dame mourrait asphyxiée par la vapeur embrasée qui remplirait la salle de bains.

Le supplice avait jadis été employé contre une impératrice et, par ordre de Néron, son époux, Octavie avait été livrée aux ardeurs du *caldarium* étouffant.[1]

Mais la palme de Cœcilia devait être trop glorieuse pour

(1) Constantin devait, plus tard, faire exécuter ainsi sa femme, l'impératrice

n'être pas sanglante. A cette virginale princesse, la pourpre du grand martyre était réservée par le Ciel.

La noble patricienne fut reconduite en son palais et ce fut avec une grande joie qu'elle entra dans le *caldarium* qui devait être le théâtre de son sacrifice et le berceau de son immortalité bienheureuse.

Cœcilia passa dans cette salle surchauffée le reste du jour et la nuit suivante. Les bouches vomissaient un air embrasé sans cesse plus dévorant, mais la sainte respirait à l'aise, rafraîchie par une céleste et miraculeuse rosée.

Les bourreaux s'épuisaient à alimenter l'ardent foyer qui versait à flots son haleine dévorante dans l'étroite salle de bains; Cœcilia, aussi tranquille que les trois enfants dans la fournaise, aussi heureuse que le diacre Laurent sur son gril, attendait avec calme le manteau de pourpre que la main royale de l'Époux devait draper sur ses épaules virginales.

Devant le prodige, les bourreaux étaient perplexes et, comprenant l'impossibilité de sortir de cette difficulté sans éclat et sans honte, ils envoyèrent un licteur pour trancher la tête de Cœcilia avec le glaive.

L'illustre patricienne le vit entrer avec joie et s'offrit elle-même au martyre avec empressement.

Le licteur brandit son glaive avec force; trois fois il l'abattit sans pouvoir trancher la tête de la noble romaine.

Pris de terreur, il s'enfuit, laissant étendue par terre la vierge que la mort semblait ne pas oser toucher de son aile. Du reste, la loi défendait d'achever les victimes qui survivaient au troisième coup du bourreau.

Au dehors, la foule des chrétiens attendait. En voyant s'éloigner le licteur, ils se précipitèrent vers la salle de bains dont les portes étaient restées ouvertes.

Fausta. Ce supplice n'était donc pas inusité à Rome et ne fut pas inventé exprès pour Ste Cécile.

Saisis de respect, ils s'arrêtèrent devant ce lamentable tableau. Cœcilia, gisait sur la mosaïque inondée de son sang et souriait à ces malheureux qui lui devaient le pain matériel, à ces néophytes qui lui devaient le pain de la vérité.

Avec un empressement respectueux, on épongea avec des linges le sang qui inondait le pavé, tandis que l'on attendait le dernier souffle de cette vie pure et illustre.

Mais Cœcilia avait fait une prière que le Ciel devait exaucer. Pendant trois jours, elle resta gisante sur la mosaïque du *caldarium* d'où nul n'osait la relever.

De temps en temps, d'une voix faible, elle les exhortait à demeurer fidèles, puis, elle faisait approcher les pauvres et leur faisait distribuer ses dernières aumônes.

Cependant, le préteur n'envoyait personne du tribunal, car il était instruit de ce qui se passait et il en était terrifié.

Urbanus habitait le palais où il vivait caché, mais la prudence ne lui avait pas permis encore de s'approcher. Enfin, il le put et entra dans le *caldarium* où la martyre attendait pour s'élancer au ciel sa venue, objet de sa prière.

Ses yeux inondés de larmes s'arrêtèrent sur Cœcilia, pur agneau expirant sur ce marbre comme sur un autel.

La vierge clarissime le regarda d'un œil mourant et lui dit :

— Saint Père, ces trois jours que je viens de vivre sont un délai que j'ai demandé au Seigneur pour remettre entre vos mains ces pauvres que je nourrissais et cette demeure dont j'ai assuré la propriété légale au fidèle Gordianus, afin qu'elle soit consacrée en église pour toujours.

Ayant ainsi parlé, l'illustre martyre se recueillit un instant, et, tout entière à la pensée du ciel et au bonheur de l'épouse qu'attend l'Époux céleste, elle remercia le Christ d'avoir daigné lui permettre de prendre rang parmi ses glorieux athlètes et la rendre digne de la couronne de lys et de roses que l'ange avait jadis posée sur sa tête en signe de virginité et de martyre.

La clarissime patricienne était dans la position dans laquelle le glaive du licteur l'avait laissée et que la statuaire chrétienne devait immortaliser pour l'art et pour la foi, couchée sur le côté droit et les genoux unis, drapée dans les plis de sa robe brochée d'or. Ses bras s'affaissèrent l'un sur l'autre, elle tourna vers la terre sa tête sillonnée par le tranchant du glaive et son âme se dégagea doucement de son corps. On était au 16 des kalendes d'octobre. Urbanus voulut faire lui-même la déposition de la sainte martyre et présider à ses funérailles.

Un cercueil de cyprès, que l'on avait préparé d'avance, fut apporté et l'on y déposa le corps de Cœcilia sans rien changer à une pose que devaient miraculeusement respecter les siècles, puis on plaça à ses pieds les linges tout empreints de son sang.

La crypte des Cœcilii n'avait pas paru suffisamment aménagée encore pour recevoir les corps de Valérianus et de Tiburtius, ainsi que celui de Maxime, qui avaient dû être déposés par Cœcilia, elle-même, dans le cimetière de Prétextatus. Une seule salle funéraire, encore nue et sans ornement, y était pratiquée au milieu de corridors à peine commencés. Cependant, cette unique salle possédait un arcosolium destiné à recevoir un tombeau.

Urbanus y fit déposer le cercueil de cyprès. Le sarcophage de marbre fut scellé sur ce glorieux trésor appelé à devenir bientôt un centre autour duquel se grouperaient des phalanges silencieuses de martyrs.

Bientôt, toute l'Eglise de Rome connut le tombeau de la fille des Metelli et le désigna sous le nom de *Cœmeterium ad Sanctam Cœciliam*, qu'il ne devait changer plus tard que pour un titre plus grand encore.

IX

LA PAIX.

Cependant, du milieu de tant de sang, une ombre de paix allait, encore une fois, surgir.

Quelque temps après ces événements, les chrétiens, en passant au forum, lurent, affichée aux rostres, une lettre de l'empereur philosophe qui leur donnait un moment de répit.

« L'empereur César Marcus-Aurélius, Antoninus-Augustus, Parthicus, Germanicus, Sarmaticus, souverain pontife, consul pour la troisième fois, père de la patrie, au Sénat et au peuple de Rome, Salut.

» Je vous ai déjà fait pressentir mes dispositions dans le message où je vous informais de la situation de l'armée en Germanie, quand, cernés par l'ennemi, nous dûmes résister à la fois, aux armes des barbares, aux ravages de la maladie et aux ardeurs torrides de la sécheresse....

» Dans cette extrémité, j'implorai l'assistance des dieux, mais en vain, l'ennemi allait nous accabler.

» Je m'adressai alors à ces chrétiens. Il s'en trouva un tel nombre que je ne pus retenir mon indignation et mes menaces. Mais l'événement prouva que je me trompais à leur égard. Ils se disposèrent à nous secourir à leur façon, car, dirent-ils, leur Dieu n'aime pas les armes....

» Ils se prosternèrent et invoquèrent pour moi et pour toute l'armée leur Dieu inconnu, le suppliant de nous délivrer de la famine et de la soif qui nous dévoraient.

» En effet, depuis cinq jours l'eau manquait au camp et il avait été impossible de s'en procurer.

» A peine ces hommes prosternés contre terre eurent-ils achevé leur invocation que, subitement, une pluie rafraîchissante tomba sur nous du haut du ciel, tandis qu'une grêle de feu mêlée d'éclats de foudre tombait sur les barbares.

» Un Dieu se révélait ainsi tout-puissant et invincible.

» Permettez donc aux hommes de cette religion de la professer, de peur qu'ils ne retournent contre nous les armes terribles dont ils disposent.

» Je suis d'avis que nul ne soit incriminé et déféré aux tribunaux pour le seul fait d'être chrétien. Ceux qui sont, en ce moment, détenus sous cette inculpation et qui ne se trouveront coupables d'aucun crime seront remis en liberté.

» Quiconque déférera un homme aux tribunaux, uniquement parce qu'il est chrétien, sera brûlé vif, et le chrétien qui aura confessé sa religion devant le juge sera déchargé des poursuites auxquelles cet aveu expose d'après la teneur des lois précédentes. Les magistrats ne pourront ni exiger qu'il se rétracte ni le priver pour cela de la liberté.

» Je veux que ces dispositions soient sanctionnées par un sénatus-consulte et que l'édit soit affiché en la forme coutumière au forum du divin Trajan. Le préfet de Rome, Vetrasius Pollio, est chargé de faire promulguer dans toutes les provinces de l'empire cette constitution, dont il sera loisible à chacun de dresser copie et d'invoquer l'autorité. *Valete.* »

Cet édit mit fin à la quatrième persécution générale,

apportant un peu de paix à l'Église qui en avait tant besoin.

Sous l'influence de cette paix, les conversions se multiplièrent rapidement.

Un sénateur romain, Apollonius, aussi célèbre par sa superbe éloquence que par l'illustration de sa famille patricienne jointe à la dignité de son titre héréditaire, embrassa publiquement la religion du Christ, imité par les personnages les plus nobles de Rome.

Les peuples éloignés pour lesquels l'Église avait tout fait en leur envoyant tant d'apôtres, venaient, à leur tour, à elle.

Le pape Éleuthère recevait alors une ambassade envoyée à lui par Lucius, roi d'un des petits états de la Grande-Bretagne, pour apporter ses hommages au Dieu des chrétiens et demander à l'évêque de Rome de lui envoyer des prêtres zélés pour instruire ses sujets dans la foi et leur apporter la lumière de l'Évangile.

Le grand Tertullien commençait à faire entendre sa voix.

Pendant que l'impératrice Faustine et Marc-Aurèle disparaissaient du monde, enlevés, tous deux, sur les routes de l'étranger, par la maladie qui décimait les armées de l'empire et que le peuple romain les décrétait d'apothéose, au milieu des tristes splendeurs des funérailles, Commode succédait à l'empire, inaugurant son règne monstrueux par le meurtre de sa femme Crispina et de sa sœur Lucilla, veuve de Vérus, et délivrée jadis du démon par l'évêque d'Hiérapolis.

Peu de temps après, Éleuthère s'endormait en paix, le premier, peut-être, sur la chaire empourprée de Pierre et son corps était déposé au Vatican près du premier des papes.

Et, dans le calme trompeur d'un horizon éclairci un instant, on put croire que les premiers et éloquents avocats du Christ avaient gagné pour toujours devant l'empire du monde l'éternel et juste procès de Dieu.

TABLE DES MATIÈRES.

Tournai, typ. Casterman.

www.ingramcontent.com/pod-product-compliance
Ingram Content Group UK Ltd.
Pitfield, Milton Keynes, MK11 3LW, UK
UKHW022345090726
13658UKWH00001B/468